◎唐山师范学院学术专著出版基金资助

基于构式语法的
清末民初汉语研究

韩书庚 ◎ 著

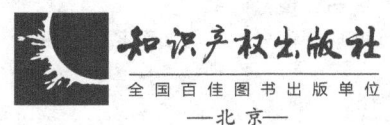

图书在版编目（CIP）数据

基于构式语法的清末民初汉语研究/韩书庚著. —北京：知识产权出版社，2020.8
ISBN 978-7-5130-7097-3

Ⅰ.①基… Ⅱ.①韩… Ⅲ.①汉语—语法—研究—近代 Ⅳ.①H146

中国版本图书馆 CIP 数据核字（2020）第 143763 号

内容提要

本书运用构式语法理论对清末民初的汉语进行考察和分析，研究的构式包括待嵌构式、程度构式、重叠构式以及同素异序构式，从语法、语义及语用等角度进行了详细而深入的考察，对于清末民初汉语的语法研究具有一定的价值和意义。

责任编辑：张水华　　　　　　　　　　责任校对：谷　洋
封面设计：臧　磊　　　　　　　　　　责任印制：孙婷婷

基于构式语法的清末民初汉语研究
韩书庚　著

出版发行	知识产权出版社有限责任公司	网　　址	http://www.ipph.cn
社　　址	北京市海淀区气象路50号院	邮　　编	100081
责编电话	010-82000860 转 8389	责编邮箱	46816202@qq.com
发行电话	010-82000860 转 8101/8102	发行传真	010-82000893/82005070/82000270
印　　刷	北京建宏印刷有限公司	经　　销	各大网上书店、新华书店及相关专业书店
开　　本	720mm×1000mm 1/16	印　　张	11
版　　次	2020 年 8 月第 1 版	印　　次	2020 年 8 月第 1 次印刷
字　　数	180 千字	定　　价	59.00 元

ISBN 978-7-5130-7097-3

出版权专有　侵权必究
如有印装质量问题，本社负责调换。

序

  韩书庚博士的新作——《基于构式语法的清末民初汉语研究》就要出版了，这对汉语语法研究尤其是清末民初的汉语研究来说是一件有意义的事情。

  清末民初是中国社会变动最剧烈的时期之一，根据"共变论"，本时期也就成为汉语发生剧烈变动的时期之一。当时，各种语言现象丰富多彩，语言面貌的复杂化程度远高于汉语发展史上的其他任一阶段，具有鲜明的时代特点。而且，本时期还出现了能够代表当时汉语面貌的典型语料即白话报刊。这些数量较多的白话报刊，大多是"我手写我口"，口语化程度高，基本做到了言文一致，是研究当时汉语的绝佳语料。虽然本时期的汉语具有很高的研究价值，也有白话报刊一类不可多得的语料支撑，但是，由于种种原因，本时期汉语的研究迄今为止却一直十分薄弱。从此角度说，本书的出版明显能够对此尴尬状况有所改变。

  本书运用构式语法理论对清末民初的待嵌构式、程度构式、重叠构式以及同素异序构式等进行详细而深入的考察，发现较多规律。构式语法是20世纪80年代后期逐渐兴起的一种新的语法理论，它是基于认知语言学之上的理论体系，强调构式义不能从构式的内部成分进行推测。实践证明，此种理论是汉语研究的一种新路子，而且确实能够解决汉语的很多实际问题。本书的研究就证明了这一点。以待嵌构式为例，它是指"两字交替显现、两字交替隐含而需人们在使用中将隐含的字填补进去以成就一个新的词汇单位的准四字格式"。书中考察发现，白话报刊存在多种待嵌构式类型，其中以口语构式为主，主要包括"不A不B"构式、"又A又B"构式、"一A一B"构式、"(S) X一般"构式、"A来B去"构式、"愈A愈B"构式等类型。作者对每种构式类型的考察，语料详实，运用定量和定性相结合的方法，从句法、语义和语用等角度进行了研究，比如"不A不B"构式，语法方面，A、B以单音节的语素或词为主，A、B的语法性质以谓词性为主；语义方面，此种构式表达完全否定、部分否定及假设关系等三种类型，A、B以同义或近义关系为主；语用方面，此构式用于口语中，感情色彩以贬义或中性为主。总之，本书通过对四大类构式的考察，初步展现了清末民初汉语构式的基本特点，对于促进本时期汉语的研究具有一定的理论价值。

当然，本书的不足也是明显的，比如构式语法理论和本时期的构式研究未能紧密结合在一起，即使是具体构式的分析，也是描写得很充分，而解释则略显单薄，在广度和深度上还有进一步拓展和挖掘的空间。但是，本书能够把清末民初这一特殊历史时期所特有的全新的白话报刊语料展现出来，至少为以后的研究者提供了新素材、新思路，这也是大功一件。因此，我们在此也不能苛求作者了，只是希望作者在以后的研究工作中进一步补充完善。

书庚在2014—2019年跟我读博期间，勤奋刻苦，甘坐冷板凳，五年的时间大都是在山东师范大学度过的。为便于统计分析，书庚做了大量的PDF版白话报刊转WORD版的枯燥工作，初步建立了一个清末民初汉语语料库，为毕业论文的写作提供了坚实的材料支撑。正是因为有了这些充分的前期准备，2019年他的学位论文《清末民初同素异序构式研究——以五十种白话报刊为例》以优秀的成绩顺利通过了答辩。毕业后，书庚回原单位唐山师范学院工作。教书育人之余，书庚仍然坚持进行清末民初白话报刊语言的研究，先后申请到河北省社科基金项目和教育部人文社科项目。2018年申请的《基于构式语法的清末民初汉语研究》获得唐山师范学院的出版基金资助。可以说，书庚博士在清末民初汉语语法研究上付出了很多的努力，也取得了较大成绩。作为导师，看到书庚的新作即将出版，我感到由衷地高兴。在此，希望书庚博士今后在汉语语法学尤其是清末民初白话报刊语言的研究上多出成果，出好成果！

是为序。

张文国

2020年9月3日

目 录
CONTENTS

第一章 前 言 …………………………………………………… 001

第二章 清末民初待嵌构式 …………………………………… 007
    第一节 "不A不B"构式／008
        一、"不A不B"构式的语法特点／008
        二、"不A不B"的语义特点／012
        三、"不A不B"构式的语用价值／014

    第二节 "又A又B"构式／015
        一、"又A又B"构式的语法特点／016
        二、"又A又B"的语义特点／017
        三、"又A又B"构式的语用价值／018

    第三节 "一A一B"构式／018
        一、"一A一B"构式中A、B限制条件／019
        二、"一A一B"构式的句法功能／021
        三、"一A一B"的构式义／022

四、"一 A 一 B"构式的语用价值 / 023

第四节 "(S) X 一般"构式 / 024
    一、"(S) X 一般"比况构式的结构类型 / 024
    二、"(S) X 一般"比况构式 / 025

第五节 "A 来 B 去"构式 / 029
    一、"A 来 B 去"构式的语法特点 / 030
    二、"A 来 B 去"构式的语义特点 / 032
    三、"A 来 B 去"构式的语用特点 / 033

第六节 "愈 A 愈 B"构式 / 033
    一、"愈 A 愈 B"构式的内部构成 / 034
    二、"愈 A 愈 B"构式的语法功能 / 035
    三、"愈 A 愈 B"构式的语义特点 / 036
    四、"越 A 越 B"构式 / 036

第七节 "可 A 可 B"构式 / 037
    一、"可 A 可 B"构式的内部构成 / 038
    二、"可 A 可 B"构式的语法功能 / 039
    三、"可 A 可 B"构式的语义特点 / 040

第八节 "最 A 最 B"构式 / 041
    一、"最 A 最 B"构式的内部构成 / 041
    二、"最 A 最 B"构式的语法功能 / 043
    三、"最 A 最 B"构式的语义特点 / 043
    四、"最 A 最 B"构式的语用功能 / 044

第九节 "如"类构式 / 044
    一、"如 A 如 B"构式 / 045
    二、"AB 如 C"构式 / 047

第十节 "有 A 有 B"构式 / 049
    一、"有 A 有 B"构式的内部构成 / 050
    二、"有 A 有 B"构式的语法功能 / 051
    三、"有 A 有 B"构式的语义关系 / 052

四、"有 A 有 B"构式的语用特点 / 052

第十一节 "AB 而 C"构式 / 053
一、"AB 而 C"构式的内部构成 / 053
二、"AB 而 C"构式的语法功能 / 054
三、"AB 而 C"构式的语义特点 / 055

第十二节 "AB 之 C"构式 / 055
一、"AB 之 C"构式的内部构成 / 056
二、"AB 之 C"构式的语法功能 / 057
三、"AB 之 C"构式的语义特点 / 057

第三章 清末民初程度构式 …………………………………… 059
第一节 程度构式的结构类型 / 059
第二节 "X 得很"构式 / 061
一、"X 得很"构式的变体 / 061
二、"X 得很"构式的内部构件 / 062
三、"X 得很"构式的句法功能 / 064
四、"X 得很"的构式义 / 065
五、"X 得很"构式的语体选择 / 066

第三节 "X 得了不得"构式 / 068
一、"X 得了不得"构式的语法特点 / 068
二、"X 得了不得"构式的语义特点 / 069
三、"X 得了不得"构式的语用特点 / 070

第四章 清末民初重叠构式 …………………………………… 071
第一节 AA 式考察 / 071
一、AA 式的词性考察 / 071
二、动词的 AA 式的考察 / 073

第二节 AABB 式考察 / 074
一、AABB 式的词性考察 / 074

二、形容词的 AABB 式的考察 / 074

第三节　ABAB 式考察 / 077

一、ABAB 式的词性 / 077

二、ABAB 式的双音动词 / 077

三、ABAB 式的语法功能 / 078

第五章　清末民初同素异序构式 ·········· 079

第一节　同素异序构式的语法考察 / 080

一、同素异序构式的结构类型 / 080

二、同素异序构式的语法属性 / 092

三、构式中 A 与 B 的语法性质 / 099

第二节　同素异序构式的语义考察 / 107

一、同素异序构式的意义类型 / 107

二、同素异序构式中的语义场 / 114

三、构式中 A 与 B 的语义关系 / 116

第三节　同素异序构式的语用考察 / 117

一、同素异序构式的语用类型 / 117

二、同素异序构式的来源分类 / 119

三、同素异序构式的时代分类 / 122

四、同素异序构式的两序数量比较 / 123

第四节　清末民初同素异序构式产生的动因 / 127

一、内部因素 / 128

二、外部因素 / 152

第六章　结　语 ·········· 160

参考文献 ·········· 162

后　记 ·········· 166

第一章
前 言

清末民初时期指 1840 年鸦片战争到 1919 年五四运动前夕。王力先生（1980）在论述汉语史的初步分期时，把鸦片战争至五四运动这一阶段作为过渡阶段❶，可以说为此时期的汉语研究提供了研究的思路。刁晏斌（2008）认为"这一时期，各种语言现象丰富多彩，相关的促生原因和制约因素纷纭复杂，因此非常值得进行研究，而且研究的意义和价值也非常大"❷。清末民初作为近代汉语向现代汉语过渡的阶段，语言面貌的复杂化程度远高于汉语研究的其他阶段。此时期具体表现为以下显著特征：第一，文言与白话并存与交织。清末民初时期书面语中仍以文言为正统地位，白话处于附属位置。不过随着清末白话文运动的开展，白话逐渐取得重要的地位。因而，清末民初既是文言史的重要一段，同样也是白话史上的重要部分。第二，语料较为繁杂，需要系统梳理。我们认为清末民初语言研究的滞后与这一特征有一定关联。此时期较有代表性的语料主要有以下几类：一是报刊语料。这种语料在清末民初数量较多，从文言与白话角度可分为文言报刊语料和白话报刊语料，同时一些文言报刊也刊登少量白话文章。从创办者的国籍来说，分外国传教士创办的中文报刊和中国人创办的报刊。二是翻译文本，其中严复与林纾的翻译

---

❶ 王力. 汉语史稿（重排本）[M]. 北京：中华书局，2004：44.
❷ 刁晏斌. 试论清末民初语言的研究 [J]. 励耘语言学刊，2008（2）.

作品影响巨大。三是游记及考察记录。四是各类时文，清末民初时期各种社会思潮涌动，各派政治力量和知识分子充分利用时文宣传自己的主张，因而时文的政治色彩和宣传价值尤为凸显。

在上述语料中，学界对清末民初白话报刊的关注较为薄弱，最早发现其语料学价值并进行研究的是业师张文国先生。

清末民初的白话是汉语发展史上的重要时期。其中白话文的主要实践方式以大规模的白话报刊为主导。辛亥革命前后，白话报刊的创办被推进到一个前所未有的高度。较有影响的有《京话日报》，报纸语言通俗，其出版广告云："本报为输进文明，改良风俗，以开通社会多数人智识宗旨。故通幅概用京话，以浅显之笔，达朴实之理，纪紧要之事，务令雅俗共赏，妇稚咸宜。"（《京话日报》1904-08-22）其内容接近普通民众，且价格低廉，深受民众的欢迎，是当时北京地区比较有影响力的报纸。在清末民初白话报刊的发掘与整理上，以胡全章的《清末民初白话报刊研究》为代表性著作，该书首先考察了清末白话文运动的理论主张、主要阵地及辅助手段等方面，对清末民初白话报刊的语言面貌、文类形态与文学创作状况进行了阐释。胡全章认为，通俗化和口语化是这一阶段报刊白话最为明显的语言特征。❶ 例如：

深的文法，列位们又看不懂，就是说把你听，列位们又是听不来的，而且我在上海说话，那能够叫十八省的人都听得着，我又没有加响的喉咙，我为着这事，足足和朋友们商量了十几天，大家都道没有别的法子，只好做白话报罢。内中用那刮刮叫的官话一句一句说出来，明明白白要好玩些，又要叫人容易懂些，倘然这报馆一直开下去，不上三年，包管各位种田的做手艺的做买卖的当兵的以及孩子们妇女们，个个明明白白，个个增进学问，增进识见，那中国自强就着实有望了。呀！这说话真正说得不错哩。当时有个最热心的朋友听了这话十分有理，就不慌不忙独自一人拿出几千块洋钱来开办这报馆，又吩咐我白话道人替他做做几篇白话，每月印出两

---

❶ 胡全章. 清末民初白话报刊研究［M］. 北京：中国社会科学出版社，2011：168.

期，给列位看看，我这白话是顶通行的，包管你看一句懂一句。（《中国白话报》1903（1）3-4）

可以说，清末民初白话报刊的语言通俗易懂，言文合一，成为研究此阶段语言面貌的重要语料。

构式语法（construction grammar）是20世纪80年代后期逐渐兴起的一种新的语法理论，它在国际语法学界和汉语语法学界影响日益扩大。构式语法是基于认知语言学之上的理论体系。❶"认知"（cognition）这一术语属于心理学范畴，是指人们获得知识或应用知识的过程，或信息加工的过程。随着研究的深入，语言学家认为语言能力也是人的认知能力的一部分，从认知角度研究语言规律即认知语言学。"认知语言学是一门研究语言的普遍原则和人的认知规律之间关系的语言学流派。"❷ 因此，建立在认知语言学的基础上的构式语法，一开始就受到学界的广泛关注和重视。

关于"构式"的定义，阿黛尔·E.戈德堡（Adele E. Goldberg, 1995）认为"假如说C是一个独立的构式，当且仅当C是一个形式（Fi）和意义（Si）的对应体，而无论是形式或意义的某些特征，都不能完全从C这个构式的组成部分或另外的先前已有的句式推知"。❸绝大多数构式具有不可预测性（unpredictability），如"有+NP"构式，其中"NP"为抽象名词，"水平、经验、能力、学问"等，其构式义表示正面的"多、大、好"意义，并不能从动词或名词中预测出来。汉语中大多数构式具有不可预测性，尤其是习语构式，王晓辉（2018）提出习语构式是形义结合具有整体性、常用于日常交际、带有一定评价或倾向性立场的规约性构式，如"真是的""都是NP""还NP呢""X就不用说了""X没说的"等。❹当然，语言中不是所有构式都具有不可预测性，戈德堡（2007）指出"任何语言格式，只要其形式或功能的

---

❶ 董燕萍，梁君英. 走近构式语法［J］. 现代外语，2002（2）.
❷ 李福印. 认知语言学概论［M］. 北京：北京大学出版社，2008：3.
❸ Goldberg A. E. Constructions: A Construction Grammar Approach to Argument Structure［M］. Chicago: University of Chicago Press, 1995: 4.
❹ 王晓辉. 习语构式的动态浮现——由程度评价构式"X没说的"说开去［J］. 语言教学与研究，2018（4）.

某些方面不能从其组成部分或其他已经存在的构式中得到完全预测，就应该被看作是一个构式。此外，即使有些语言格式可以得到完全预测，只要它们的出现频率很高，这些格式仍然会被语言使用者存储为构式"。❶ 因此，不可预测性不是判定构式的唯一标准，也就是说判定是否为构式要综合考察。构式语法基于语言使用观，符合人们的心理现实性，在语言习得和理解方面有较为充分的证据。构式语法认为，语言是由不同的构式组成的系统。"构式以原型构式为基础，通过隐喻和转喻机制，形成具有'家族相似性'的网络。"❷ 可以说，构式语法试图构建每种语言中的构式框架与体系，其日益凸显出较大的研究价值，描写与解释了许多重要的语言现象。仅以构式语法的创始人之一戈德堡的研究为例，她对题元结构（例如：双及物构式、致使—移动构式、动结构式）等研究较为深入细致，发掘出语言中更多的规律。需要强调的是，构式语法虽然是来自国外的语法理论，但并不代表汉语语法学界以前没有构式意识。王力先生指出，"须知所谓语法，就是族语的法则，主要的部分乃在于其结构的方式，并不在于人们对语言成分的称谓如何"。❸ 可以说构式语法的深入研究既需要吸收借鉴西方的语法理论，同时也要从汉语语法研究中寻找构式研究的方法。当然，构式语法也面临新的挑战，董燕萍、梁君英认为："主要体现在两个层次上，理论层次和应用层次。理论层次上的主要问题是：如何从构式语法现有相对孤立的研究中构建一个更加完整的语法体系？应用层次上的主要问题是：如何从构式的角度研究语言的习得、语言的理解和产生？"❹ 我们不但要吸收其精华，更要合理借鉴，进而达到理论创新和突破。

目前，学界对构式的研究范围是否包含词法构式有不同的见解。戈德堡认为，"在构式语法中，词库和句法之间没有严格的分界线。词汇构式和句法构式的内部复杂性有所不同，在语音形式的表达上也有所不同，然而词汇构式和句法构式实质上是同一类明确表达的数据结构：二者都是形式和意义的

---

❶ 阿黛尔·E.戈德堡. 运作中的构式：语言概括的本质 [M]. 吴海波，译. 北京：北京大学出版社，2013：5.
❷ 严辰松. 构式语法论要 [J]. 解放军外国语学院学报，2006（4）.
❸ 王力. 中国语法理论 [M]. 济南：山东教育出版社，1984：5-6.
❹ 董燕萍，梁君英. 走近构式语法 [J]. 现代外语，2002（2）.

配对"❶。而陆俭明认为"构式只限于句法层面,还是推及词法层面,将一个个语素、一个个词也看作构式?这在学界也有分歧"❷。我们的观点是,构式不仅在句法层面大量存在,而且在词法层面也存在,以构式视角关注词法方面会有一些新的认识和发现。当下汉语构式研究成为语法研究的热点之一,主要集中在句法角度,如双及物构式、存现构式、被动构式、祈使构式、方位构式等,而对词法从构式视角关注的并不多见,包括张金竹《现代汉语反义复合词式的语义和认知研究》(2015)、李艳华《汉语并立复合构式与量范畴》(2018)等。简言之,凡是形式与功能的配对都为构式,词法构式客观存在于所有语言中。

在白话报刊中,出现了四种较有代表性的语法构式,分别是待嵌构式、动补构式、重叠构式及同素异序构式。例如:

(1) 贞德四望无人,正在惊奇,忽然抬头,见万道祥光,现出无数天神,拥着三位神圣,大声唤道:"贞德,法国有难,汝当救之。"贞德又惊又惧,颤巍巍的答道:"妾是一个乡村的牧羊的女子。"(《杭州白话报》1902 第二卷(7):1)

(2) 见后门有颗大树,正靠着墙,墙下有个阴沟,阿幺对钟承祖道:"这个地方好得很。"两个人心照不宣,欢天喜地的回到大街上,找了个小饭店,要了两壶酒,点了几碟现成菜,吃得个既醉且饱。(《京话日报》1904-11-06)

(3) 列位若不相信,只须从上海起程,不过一万三千多里路的洋面,费了半个月的路程,便到了檀香山,再去察看察看,方才信得这话不是虚假的哩。(《杭州白话报》1902 第二卷(14):4)

(4a) 大家听说有理,遂公推倪得做将军,带了精兵,到沙良地方屯住,华盛顿,安能度,也带有数千人马,以备救援。(《杭州白

---

❶ 阿黛尔·E. 戈德堡. 构式:论元结构的构式语法研究[M]. 吴海波,译. 北京:北京大学出版社,2007:6.
❷ 阿黛尔·E. 戈德堡. 运作中的构式:语言概括的本质[M]. 吴海波,译. 北京:北京大学出版社,2013:VI.

话报》1901（5）：3）

（4b）昔时贵族，旧日侩徒，平居说得多少忠爱，到如今都无一策援救故王，可知此辈甘言蜜语，各遂私谋。（《中国白话报》1904（16）：36）

下文我们将对各种构式的类型、结构特点、语义特征等进行考察。

第二章
清末民初待嵌构式

考察发现,在白话报刊中,存在类型各异、数量较多的待嵌构式,这类构式在结构上,既有固定的部分,如"不……不……""又……又……""一……一……",也有替换的成分,如"不……不……"可替换为"不规不矩""不闻不知""不增不减""不黑不白"等,"又……又……"可替换为"又新又光""又苦又急""又小又远""又病又饿"等。

关于待嵌构式,张斌先生(1988)用的"类固定短语"术语,指出"有特定的结构和功能,跟某些成语近似,不妨称之为类固定短语",所举例子如:××之×、××而×、××不×、××如×等。❶ 陈昌来、李传军等(2012)对现代汉语类固定短语的考察既有理论探索,又有各种类型的详细深入分析。有的学者采用的是待嵌格式的表述,周荐(2001)对此进行界定,指出"两字交替显现、两字(个别的为多字)交替隐含而需人们在使用中将隐含的字填补进去以成就一个新的词汇单位的准四字格式"。❷ 孟祥英(2014)对待嵌构式进行了较为详细、深入的探讨,从待嵌构式的整体描写、分类描写、产生动因以及应用研究四方面作了考察。

本章我们将考察以下类型的待嵌构式,包括"不A不B""又A又B""一A一B""(S)X一般""A来B去""愈A愈B""可A可B""最A最

---

❶ 文炼. 固定短语和类固定短语 [J]. 世界汉语教学, 1988 (2): 65.
❷ 周荐.《现代汉语词典》中的待嵌格式 [J]. 中国语文, 2001 (6): 550.

B""有 A 有 B""AB 而 C""AB 之 C"以及"如"类构式,从每种构式的内部构成、语法功能、语义特点等方面进行考察。

第一节 "不 A 不 B"构式

在白话报刊中出现了较多的"不 A 不 B"构式,有时出现多次连用。如:

(1) 何况中国的佛教,真是皮毛的皮毛,<u>不耕不织</u>的人太多,保护着有甚么益处,大约必是传闻之误。(《京话日报》1905-03-05)

(2) 至于池塘里面,汤软汤硬汤浊汤清,大有关人的卫生,汤软是水太凉了,汤硬是水太热了,汤浊是水太少了,汤清是水太多了,简直说吧,凉啦热啦少啦多啦,都合卫生有碍,总要<u>不凉不热不多不少</u>,再合卫生合宜。(《吉林通俗教育讲演稿范本》1917(12):71)

基于构式语法理论,"不 A 不 B"构式具有不可推测性,不能从内部成分 A 或 B 推测出来。戈德堡主张:"任何语言格式,只要其形式或功能的某些方面不能从其组成部分或其他已经存在的构式中得到完全预测,就应该被看作是一个构式。"❶ 我们对"不 A 不 B"构式进行语法、语义、语用等方面的研究,试图发掘清末民初白话报刊时期这一构式的特点。

一、"不 A 不 B"构式的语法特点

下文从构式的内部构成和语法功能两方面进行分析。

(一)"不 A 不 B"构式的内部构成

"不 A 不 B"构式中 A、B 为单音节,主要有"规、矩、僧、道、动、

---

❶ 阿黛尔·E. 戈德堡. 运作中的构式:语言概括的本质 [M]. 吴海波,译. 北京:北京大学出版社,2013:5.

移、闻、知、惊、扰、捐、税、癫、疥、惧、怕、刷、抖、尴、尬、增、减、完、备、奴、婢、止、撤、饥、寒、雄、雌、吃、睡、哭、笑、即、离、黑、白"等。

A、B的语法性质以谓词性为主，包含动词性与形容词性，前者如：不加不减、不吵不闹、不养不教、不吃不喝、不攒不透、不嫁不娶；后者如：不慌不忙、不新不旧、不干不净、不勤不俭、不偏不僻。A、B以体词性为辅，例如：不声不响、不中不西、不男不女、不上不下、不先不后。

构式中A、B的语序呈现出优选性，即具有一定的顺序。从认知角度上，A、B的语序受到人类思维及认知规律的制约，可以运用认知语言学中的相似性原则（iconicity）解释，语言的相似性指的是感知到的现实的形式与语言成分及结构之间的相似性。❶ 具体来讲，"不A不B"构式中"A、B"遵循自然顺序原则和社会顺序原则。前者指时空的顺序，如"不上不下""不东不西""不先不后""不多不少"等；后者指尊卑、优劣等的顺序，如"不慈不孝""不男不女""不中不西"等。从语法角度上，A、B大多数为双音词（知觉、慌忙、声响、见闻、规矩），且素序不可改变，如：不知不觉、不慌不忙、不声不响、不见不闻、不规不矩、不言不语、不惊不扰、不惧不怕、不尴不尬、不上不下、不增不减、不完不备、不奴不婢、不饥不寒、不死不活、不明不白、不黑不白、不腐不败、不声不张、不干不净、不正不直、不勤不俭、不左不右、不偏不向、不加不减、不破不碎、不教不养、不东不西、不先不后、不喊不叫、不吵不闹、不偏不僻、不多不少、不缓不急、不公不平、不古不今、不慈不孝、不仁不义、不公不私、不道不德、不变不动、不干不燥、不繁不简、不强不弱。

在"不A不B"构式中，少部分构式可异序，这些可替换的A、B意义一般相同。如：

（3）按此等小事，原不足道，所可怪的，华官不明公理，西官也不见不闻。（《京话日报》1905-06-18）

---

❶ 张敏. 认知语言学与汉语名词短语［M］. 北京：中国社会科学出版社，1998：139.

(4) 传闻京东长营下店一带，各砖瓦窑，私炉最多，夜聚明散，地方官<u>不闻不见</u>。(《京话日报》1905-02-19)

(5) 我有事要求他什么事，他尚且不能依我什么事，莫讲是齷齪烂泥塑的，枯老木头雕的，不声不响、<u>不知不识</u>的那样东西，磕头碰脑、疯疯癫癫的去求他，他知道什么呢？(《杭州白话报》1902 (2)：3)

(6) 中国地大物博，人民四百兆，虽经此番创巨痛，深安在无自强之日，虽然默察事平之后其号为良民者，固然<u>不识不知</u>，而悍愎之徒仍不改其仇恨外洋之见。(《杭州白话报》1902 (31)：2)

除以上例子外，还有"不养不教/不教不养""不动不食/不食不动"。

(二) "不A不B" 构式的语法功能

考察发现，"不A不B" 构式主要作谓语，还可充当状语、定语等句法成分。

1. 作谓语

(7) 你们自己想这种懒相，讨厌不讨厌有这种懒相的人，我料着他的被铺，必定不是天天收拾，满床的垃圾，永远<u>不刷不抖</u>，衣服也不常换，不洗浴，不刷牙齿，一屁股坐着椅子，如同癞婆鸡一般，好半天不肯立起，又不肯常常运动，久而久之，自然筋骨松懈，血脉停滞，这可不是大害身体么？(《杭州白话报》1903 (5)：8)

(8) 以上各种私刑，在下亲眼见过，还有零星不要紧的小刑法，如坐板凳，揭太阳，刮肋条，浇冰灯。赶紧立工厂，要立工厂，千万不可摆场面，没有经费，挑容易做的，织席，编筐，搓绳子，打隔背，都可以办理，<u>不养不教</u>，犯了国法，再用私刑收拾，为民上的，问心安不安呀？(《京话日报》1905-04-10)

2. 作状语

（9）自从鸦片流毒中国，比作猛兽，比作洪水，那糊涂的人受这个害，不知有多少了，说起吃大烟的人，当初也没有拿他当要紧，先尝一个尖儿，又抽一个泡儿，漫漫的越抽越多了，<u>不禁不由</u>，可就染上了瘾了。（《敝帚千金》1906（12）：23）

（10）假如这时候，能有个一省的机关报，既可以调查铁路的情形，报告各地，又可以痛陈失矿的祸害，唤醒同胞，请问这关系可大不大么，这便是第二义。所以我们这个报，<u>不先不后</u>，<u>不迟不早</u>，恰恰的在今日，重新发生，安知不是天心悔过，要救安徽几万万人的性命，拿我们做一个导火绵呢？（《安徽白话报》1909（2）：4）

"不禁不由"指不由自主之意，出现于清代中期，如《儿女英雄传》第十六回："果然引动了那老头儿的满腹皮牢骚，不必等人盘问，他早不禁不由口似悬河的讲将起来。"

3. 作定语

（11）不论做一件什么事，都未有信实，那里能办银行呢？即如中国银行，上海、天津等处，开设多年，究竟赢余多少，短绌多少，也从未有一本清帐，印将出来，或是登在报上，把大家看看，可见其中<u>不实不尽</u>之处，也不晓得有多少。（《杭州白话报》1902（28）：18）

（12）话说玫瑰花闻道有客相访，料是钟国洪来了，因急急打扮清楚，跑到厅上，却见那人头带风帽，身上穿一件<u>不新不旧</u>的布衫，那袖子足足有二尺二阔，面目焦黑，背子也驼了。（《中国白话报》1903（4）：49）

4. 作宾语

（13）如今这学校功课，虽也有许多<u>不完不备</u>，到了后来，却也

逐渐改良，这表是初办时候，大家商量公定的，请你们诸位不要疑惑。(《中国白话报》1904 (5)：61)

另外，"不 A 不 B"加"的"构成"的字短语"，作主语的句法成分。

(14) 正有如书上说道："一日暴之，十日寒之。"扶得东来西又倒，俨然是这个样儿，虽社会中人，未必尽属腐败，确居其多数，不腐不败的，亦势所难敌。况且习俗移人，最易传染，加之腐败社会的旧知识，同科学上的新知识，非但各不相涉，竟已截然矛盾，如冰炭、如水火的了。(《河南白话演说报》1908 (133)：4)

二、"不 A 不 B"的语义特点

下面从构式中 A、B 的语义关系和构式的语义关系两方面进行分析。

(一) A、B 的语义关系

1. 同义或近义

(15) 话说朱光祖正和双全决斗时节，忽来了一个旗官，众人便和他诉说情由，那知这旗官不慌不忙，却唤了几个亲兵，把朱光祖带了便要走，众人大哄道，反了反了，他来打抱不平的，莫非还是他不是，真是没有天日了。(《杭州白话报》1903 (5)：21)

(16) 这拳匪的模样，你道是怎样，他头上包着黄布，腰间系着黄带，还有大师兄、二师兄这等名目，若说是正经为国家出力的人，那有这种怪异装束，不僧不道的名号，这明明与汉朝时节的黄巾贼党并本朝咸丰年间的粤匪毫忽无二了。(《杭州白话报》1901 (7)：12)

类似构式还如：不声不响、不偏不歪、不慌不忙、不言不语、不知不觉、不公不平、不闻不问、不吃不睡、不哭不笑、不忠不孝、不明不白、不规不矩、不动不移、不惊不饶、不见不闻、不三不四、不偏不倚、不惧不怕、不尴不尬。

以上构式在现代汉语中仍然使用。另外还有一些构式，如"不完不备、不奴不婢、不止不撤、不僧不道、不孝不悌、不知不识、不闻不知、不捐不税、不癫不疠、不刷不抖、不实不尽、不耕不织"是白话报刊中使用的，而现代汉语中不用。

2. 反义关系

（17）话说玫瑰花闻道有客相访，料是钟国洪来了，因急急打扮清楚，跑到厅上，却见那人头带风帽，身上穿一件不新不旧的布衫，那袖子足足有二尺二阔。（《中国白话报》1903（4）：49）

类似的构式如：不死不活、不即不离、不雄不雌、不黑不白、不生不灭、不上不下、不增不减。

3. 相关义

（18）少年人生损症，中国叫做痨瘵，西人叫做肺结核，这样病项难医治，男女有了这种病痛，那些没有定亲的，顶好不定，定了没有讨的没有嫁的，顶好不讨不嫁，免得害人一世，男的讨了一个病女，死后还好再娶，女的嫁了一个病男，死后只好守寡。（《杭州白话报》1901（4）：1）

以上三种语义关系中，同义或近义为主，其他两种为辅。

（二）"不A不B"的语义关系

考察发现，此种构式的语义关系分为三类：表完全否定义、表部分否定义、表假设关系。分别举例如下：

（19）那知愈勤俭愈穷，实把勤俭两个字当做受罪的刑法一般，所以嘴里说勤俭，心里总似乎有些害怕，在不得意的时候没法人不勤不俭，只得咬着牙忍受，等得有点活动便要想法儿图个舒服、享受安乐了。可见这勤俭二字，是个极不舒服、极不安乐的事。（《京

话日报》1904（11）：8）

（20）你看看我，就知道你的笨处，还可以教你点聪明。说罢，也拿把刀，跟甲一样的爬上去，爬到绳的根上，他的割法，是打手底下割，绳子可是割断了，飘飘荡荡的下来了，人却捏着一段割剩的绳头，挂在棚上，<u>不上不下</u>的，真正是要命，比摔下来的，还可怕。（《京话报》1903（4）：12）

（21）黄钟虽美，<u>不击不鸣</u>，青萍难利，<u>不磨不锋</u>，振聋启聩，激浊扬清，果谁致此，伊报之功。（《女子白话报》1912（2）：5）

例（19）中"不勤不俭"通过对"勤"与"俭"的否定来强调对整个词语的否定，"不"否定的两个语素，因此为完全否定。类似构式还如：不慌不忙、不痛不痒、不识不知、不讨不嫁、不孝不悌、不动不移、不捐不税、不惧不怕、不饥不寒、不吃不睡、不忠不孝、不飞不走、不吵不闹。

例（20）中"上""下"为两个意义相反的词，表达的是事物对立的两个方面，对"上""下"的否定是不完全否定，表示既"不上"，也"不下"，而是一种中间的状态。类似构式还如：不生不灭、不增不减、不雄不雌、不黑不白、不左不右、不凉不热、不缓不急、不输不赢、不繁不简、不强不弱、不精不粗、不公不私、不官不商、不干不稀。

例（21）中"不击不鸣""不磨不锋"分别表达的是"如果不击打就不发声""如果不打磨就不锋利"，即表示一种假设的语义关系。类似构式还如：不吐不快、不攒不透、不证不明、不说不知。

三、"不A不B"构式的语用价值

考察发现，此种构式用于口语语体中。例如：

（22）中国是我的国，我是中国四万万里的一个小民，我盼望中国强，我很怪中国怎么会不强啊？是了，如今我可明白了，原来没有天生不要强的人，<u>不教不养</u>，所以才成了现在的景象啊！（《京话日报》1905-04-17）

（23）顺天府立了公估局，怎么叫公估局呢？公是大公无私，<u>不</u>

偏不向的意思，估是估量价钱的估，立这样的一个局子，专管定银钱的行市，前门外头，还要立一处分局，派委员老爷们经管。(《京话日报》1905-03-17)

例子"不教不养""不偏不向"都用于口语语体，"不A不B"这种格式能较好地表达说话人的感情色彩和心理活动，口语化较强❶。

"不A不B"构式更多表现为贬义和中性色彩。例（22）中的"不教不养"即表示贬义色彩，类似的例子还如"不规不矩""不死不活""不中不西"等；例（23）中的"不偏不向"即表示中性色彩，类似的例子还如"不干不燥""不哭不闹""不正不直"等。

通过考察"不A不B"构式的语法、语义及语用特征发现，在语法方面，A、B以单音节的语素或词为主，A、B的语法性质以谓词性为主；在语义方面，此种构式表达完全否定、部分否定及假设关系等三种类型，A、B以同义或近义关系为主；在语用方面，此构式用于口语中，感情色彩以贬义或中性为主。

第二节 "又A又B"构式

在白话报刊中出现了较多的"又A又B"构式，有时出现多次连用。如：

（1）后来有了塘沽铁路，可以坐了火车，直到北京，又快又便，所以来往官商，越觉热闹。(《杭州白话报》1901（11）：21)

（2）你原来和那唐美图父女相识呢，那女郎名叫能智，生得天仙一般，只是每日没早没晚，口中不断的说什么荣豪荣豪，原来荣豪正是你，这一席话说得荣豪又惊又喜又悲又快，回想唐美图父女情形，和拳打巡警的事体，恍忽好像隔了一世的光景。(《安徽俗话报》1904（13）：26)

---

❶ 陈昌来，李传军. 现代汉语类固定短语研究 [M]. 上海：学林出版社，2012：170.

我们对"又A又B"构式进行语法、语义、语用等方面的研究,试图发掘清末民初白话报刊时期这一构式的特点。

一、"又A又B"构式的语法特点

我们从构式的内部构成和语法功能两方面分析。

(一)"又A又B"构式的内部构成

可分为两类。第一类是A、B音节数量相同,例如:

(3)(问)天空里所有的星星,我们都能够看得见吗?(答)又大又近的可以看得见,又小又远的就看不见了。(《安徽俗话报》1904(8):30)

(4)这个武举力气很大,又肥胖又高大,(哥萨克的兵队到底可怕呀)我们既然吃他不落到不如改嫁与他,还可以自保身命。(《中国白话报》1904(6):71)

类似的例子还如:又凄又惨、又新又光、又直又远、又苦又急、又气又笑、又愚又贱、又深又曲、又悲又快、又病又饿、又伶俐又柔软。

第二类是A、B音节数量不同,例如:

(5)这帕米尔地方大得很哩,我也没有到过,听见说这地方就近着昆仑山,又广阔又高。(《中国白话报》1903(1):8)

(6)裁驿归邮一说,虽然并没议准,近来外商两部,每逢有行各省的公文,全从邮政局传递,为的是又快又稳当,所费有限,比驿站捷便的多。(《京话日报》1905-02-11)

类似的例子还如:又容易又快、又快又妥当、又快又整齐、又气又好笑等。

(二)"又A又B"构式的语法功能

考察发现,"又A又B"构式绝大多数作谓语,还可充当定语、补语。

1. 作谓语

(7) 中国的生意，多要把外国人夺尽了，便是食盐一项，外国人算不曾夺去，现在洋盐又要进口来了，洋盐<u>又细又白</u>，比中国上白糖还要好，那一个不欢喜。(《杭州白话报》1901 (6)：2)

(8) 上岸之后，还不准便到内地，先关在一间板屋里头，这板屋<u>又矮又小</u>，关着许多的人，臭秽不堪。(《京话日报》1904-09-03)

2. 作定语

(9) 黄帝觉得这种东西，很可以给百姓们做器具用的，比那<u>又粗又笨</u>的石头子，好得多哩。(《中国白话报》1903 (4)：22)

(10) 想我这等小民，未曾念过多少书，又不明白时事，更没有半品的官职，如同<u>又聋又瞎</u>的孩子一样，怎么懂得爱起国来呢。(《京话日报》1905-04-17)

3. 作补语

(11) 那兰丝很难抽出来，既然是这样缫法，那丝质必定弄得<u>又脆又糙</u>，将来织成绢帛，很容易坏的。(《中国白话报》1904 (18)：32)

(12) 为何世人皆称非洲为黑暗洲呢，此并不是因为非洲没有太阳之故，其实非洲不但亦有太阳，而且世界上没有一处地方被太阳照得<u>又热又亮</u>过如非洲的，世人所以称非洲为黑暗洲，实因此一大洲自古以来从未有人详详细细将它内地的情形记载明白。(《少年》1911 (6)：3)

二、"又A又B"的语义特点

考察发现，"A"与"B"在语义上绝大多数属于同一意义方向，如：矮/小、高/大、尖/长、打/骂、惊/惧、气/恨、惊/怕、粗/笨、光/亮、冷/饿、贫/愚、饥/寒、贪/暴、愚/贱、凄/惨、弱/陋、苦/急、哭/笑、热/亮、气/

恼、哭/恨、公/明、敬/爱、苦/涩。

同时，也有极少数"A""B"属于反义的，如：悲/喜、信/疑。

三、"又A又B"构式的语用价值

考察发现，此种构式用于口语语体中。例如：

（13）那平远广甲两舰，砲小甲薄，层层围裹，一面又用那顶大的开花砲，看准了座船上那座了楼，向空发，只听见轰的一声，把一座<u>又高又大</u>的了楼顿时打折，楼上的人，一齐堕海。（《杭州白话报》1902第二卷（12）：23）

（14）各种样子参合进来，拿通行的话演成书，<u>又浅又显又简捷</u>，就是妇女们小孩们一看也明白，不识字的一听也知道，你说好不好哩。（《中国白话报》1903（2）：12）

第三节 "一A一B"构式

在白话报刊中出现了较多的"一A一B"构式。例如：

（1）既是这样，做父母的<u>一言一笑</u>、<u>一举一动</u>，都要老成庄重，留个好好的样子，给小孩子学习，若是家庭的风范，既然不正，还想有个佳子弟，这不是很难的事情么。（《安徽俗话报》1904（15）：19）

（2）若说那一班女子，要找出一个识字的人，如同沙里淘金，真正不得容易，到是他们外国，不论<u>一乡一镇</u>，都有几个学堂，小孩子七岁以上，无论男女，都要到学堂里去。（《杭州白话报》1901（2）：1-2）

作为一种理论，构式语法由于具有较强的解释力和语言习得的实际证据，其影响力日益扩大。戈德堡（2013）认为，"任何语言格式，只要其形式或功能的某些方面不能从其组成部分或其他已经存在的构式中得到完全预测,就应该被看作是一个构式。此外,即使有些语言格式可以得到完全预测,只要它们的出现频率很高,这些格式仍然会被语言使用者存储为构式"❶。下文我们对"一A一B"构式进行语法、语义、语用等方面的研究,试图发掘清末民初白话报刊时期这一重要构式的语言特征。

一、"一A一B"构式中A、B限制条件

考察发现,"一A一B"构式中A、B的词性均相同,具体可分为以下四种类型:

(一) A与B为名词

根据语义特征,进入此构式的A、B包括时间、处所、方位、指人、事物等名词。例如:

(3) 问:第一种什么动法。答:叫做日动,那地依了中心,从西面向着东面,转动一回,却要二十四点钟,便合着<u>一日一夜</u>。(《杭州白话报》1901(1):2)

(4) 一族有一族的自治团体,一乡有一乡的自治团体,一堡有一堡的自治团体,一邑有一邑的自治团体,推而至于<u>一市一村</u>,<u>一坊一业</u>,都有自治团体,要能够全国如是,那怕他千军万马,也不能冲突这个自治团体呢,呵呵!(《杭州白话报》1902(3):1-2)

(5) 节,竹节的节,每节当中空处,彼此不通,外面节旁生枝,上下两枝,必是<u>一左一右</u>,凡人做事,有一定的分寸,如同竹子生节似的,所以叫有节。(《京话日报》1904-10-20)

(6) 这种茧将来变了蛾,配合起来,那种子一定是顶好的了,譬如有<u>一男一女</u>,那身体一样的肥胖,性情一样的活泼,面貌一样的生得好,这两个若做了夫妻,他们生的儿子,一定不坏的了。

---

❶ 阿黛尔·E.戈德堡. 运作中的构式:语言概括的本质[M]. 吴海波,译. 北京:北京大学出版社,2013:5.

(《中国白话报》1903（3）：69)

(7) 这政体两字，是说做政事的体统，某朝代章程规矩怎么样，就叫做某朝代政体怎么样，中国古老时候，那些百姓，各人只顾着各人自己的一家一族，散散漫漫，说起来好笑的很哩。(《中国白话报》1903（3）：7)

由时间名词形成的构式还如：一生一世、一朝一夕；由处所名词形成的构式还如：一乡一镇、一乡一城、一府一县、一州一县；由方位名词形成的构式还如"一前一后"；由指人名词形成的构式还如：一夫一妇、一妻一子、一人一姓、一身一家、一子一女。由事物名词形成的构式还如：一心一意、一水一火、一草一木、一事一物、一刀一枪、一枪一剑、一马一枪、一树一木、一捶一脚、一步一跛、一言一听、一枪一炮、一字一句。

(二) A 与 B 为动词

根据 A 与 B 进入此构式的意义可分为近义动词和反义动词。例如：

(8) 按马玉崑词意之间，一推一挪，一打一敲，看他的说话语气，说是练兵为要，但是筹饷为急，说是我兵可以御侮，但是兵力太单。(《杭州白话报》1902（31）：1)

(9) 学了几句外国语言，读过几本外国书籍，一举一动，一言一语，无非是颂扬西国，崇拜外人。(《杭州白话报》1902（19）：1)

(10) 第四条，凡客寓旅人，一出一入，须由官将旅券查验清楚，才准放行，看了这种情形，日本预先的防范，也可谓周密的了。(《杭州白话报》1902（29）：57)

(11) 若是有人被雷打死，还有个救活的法子，你道是什么法子呢，就是灌些水到肚子里去，再用手在他胸门口上一压一放好几次，等到他有了呼吸的气，那时就快复活过来了。(《安徽俗话报》1904（3）：40)

由近义动词构成的构式还包括：一举一动、一言一语、一冲一激、一敲一击、一摇一摆;由反义动词形成的构式:一涨一缩、一惊一喜、一跷一跌、一来一往、一问一答、一进一出。

(三) A 与 B 为形容词

考察发现,A 与 B 进入此构式时意义相反。例如:

(12) 世上无论一件什么东西,<u>一好一丑</u>,两下里比较起来,人人都要那好的,不要那丑的,这是一定的人情。(《安徽俗话报》1904 (13):1)

(13) 他问起王阳明,你也不晓得,他问起支那哲学派别,你也莫名其妙,面孔<u>一红一绿</u>,到这时候才觉得难为情,也来不及了。(《中国白话报》1904 (8):7)

由形容词形成的构式还如:一强一弱、一好一歹。

(四) A 与 B 为量词

考察发现,A 与 B 进入此构式时意义相关。例如:

(14) 凡外国人,有损害他国内<u>一丝一毫</u>的权利,要看得同辱我的身子一样,便是极大的事。(《杭州白话报》1902 (12):7)

(15) 章程未曾议定,现在已派委员到各府去设分局,唉!这许多银子,<u>一毫一厘</u>,都是从百姓身上刮削下来。(《杭州白话报》1901 (9):1)

需说明的是,"一 A 一 B"构式不包括 A、B 为相同量词构成的格式,包括:"一块一块、一处一处、一阵一阵、一日一日、一回一回、一件一件、一层一层、一滴一滴、一项一项、一道一道、一株一株、一排一排、一桩一桩、一个一个、一摊一摊、一群一群、一段一段、一点一点、一步一步"等。

二、"一 A 一 B"构式的句法功能

"一 A 一 B"构式的句法功能较为多样,包括主语、谓语、宾语及定语。

例如：

(16) 那副长官含着一腔血泪，演说一番，他说道，敌人侵入我土地，同胞性命都在这一班少年中，蒙辱以生毋庸死，少年须做万人雄，祖宗留下的土和地，<u>一草一木</u>都有汗血功，今日拼着我的头颅和颈血，要换我祖国的光荣。(《杭州白话报》1902 (23)：1)

(17) 今天天气怪闷得紧，何不一同野外走走，换些新鲜空气，总比在家闷坐着强得多哩，老者答应一声，便在堂门后面，捡了一支半新半旧的拐杖出来，<u>一跷一跌</u>，缓缓的踱出门外。(《杭州白话报》1903 (1)：1)

(18) 有人说，世界只有强权，没有平权，唉！世界何尝没有平权呢，不过平权这两个字，是两下都是平等，才能够两下都享着这平等的权利，倘然是<u>一强一弱</u>，那弱的这个人，他自己连身子还保不住，如何还能够分享一切的权利呢？(《杭州白话报》1902 (31)：4)

(19) 今年岁考，明年乡考，后年会考，那命运凑上的，做了官，赚些银钱，封妻荫子，荣耀乡里，便算是他<u>一生一世</u>的正经大事了。(《杭州白话报》1902 (28)：47)

例 (16) 中的"一草一木"为主语；例 (17) 中的"一跷一跌"为谓语；例 (18) 中的"一强一弱"为宾语；例 (19) 中的"一<u>生一世</u>"为定语。"一Ａ一Ｂ"构式的句法功能分布与Ａ、Ｂ的词性有一定关系，二者为名词性成分时整个构式常作主语和宾语，Ａ与Ｂ为动词性成分时整个构式常作谓语。

三、"一Ａ一Ｂ"的构式义

每种构式都具有一定的构式义。戈德堡 (2007) 提出，"构式并非只有一个固定不变的、抽象的意义，而是通常包括许多密切联系的意义，这些意义

共同构成一个家族"❶。"一A一B"的构式意义并不是单一的,具体可分为两种情况。例如:

(20) 黄辅年纪大了,早已无志功名,再是他别有一种见解,说道我们一生出世,便受着一点污点,除非是轩辕复生、神禹再世,才能够洗涤清白,平常时和人说话,一句儿也说不拢,因此得了一个称呼,叫做九龙山呆道人,他膝下<u>一子一女</u>,子名自强。(《杭州白话报》1903 (12):56)

(21) 你道这资格到底怎样呢?(一) 有道德;(二) 有知识;(三) 体魄强健。以上三项都是由平日训练出来的,这训练的工夫,也非<u>一朝一夕</u>。(《杭州白话报》1904 (7):9)

例(20)中的"一子一女"属于第一种构式,其构式义为加合义,即"一子"与"一女"两部分加合形成,类似的构式还如:"一夫一妇、一妻一子、一人一姓、一身一家"等。例(21)中的"一朝一夕"属于第二种构式,其构式意义为隐喻义,即通过"一个早晨或一个晚上"相关概念的整合而产生新的意义,特指非常短的时间。类似的构式还如:"一心一意、一生一世、一草一木、一枪一炮"等。

四、"一A一B"构式的语用价值

考察发现,此种构式主要用于口语语体中。例如:

(22) 我们初次说话,难道就没有信实吗?报式里头的字,是排印的,那种纸张是用着外国纸顶干净的,外面是洋装的,和外国书<u>一式一样</u>,你道好看不好看。(《中国白话报》1903 (1):1)

(23) 全路两万多里,十四天工夫可到,本来要铺双轨。(輂车的铁条叫轨,双轨是两条路,<u>一来一往</u>,不致碰撞) (《京话日报》1904 (8):20)

---

❶ 阿黛尔·E.戈德堡. 构式:论元结构的构式语法研究 [M]. 吴海波,译. 北京:北京大学出版社, 2007:31.

上述例句中的"一式一样"与"一来一往"皆用于口语中，例（22）中的"你道好看不好看"，例（23）中的解释性语句"壑车的铁条叫轨，双轨是两条路，一来一往，不致碰撞"，这两处都体现出鲜明的口语语体色彩。

以上对"一A一B"构式从句法、语义及语用等方面进行了详细而深入的考察，构式中"A""B"词性相同，可为名词、动词、形容词及量词，构式的句法功能较为多样，包括主语、谓语、宾语、定语。构式义可分为加合义和隐喻义；此构式主要用于口语语体。

第四节 "（S）X一般"构式

基于构式语法理论，我们将含有"似的、一样、一般"等比况助词的构式称为比况构式。学界对这一构式的研究，主要是考察比况短语的类型和构件。如吴仲华（2005）对比况短语中的"跟X一样/似的"格式的内部构成和结构义作了细致考察。❶

下面首先考察白话报刊中比况构式的结构类型，然后重点对"（S）X一般"从结构类型、表现形式、句法功能、构式义及语用价值等方面进行考察，力图了解清末民初白话报刊中比况构式的特征。

一、"（S）X一般"比况构式的结构类型

考察发现，比况构式的结构类型分三种：（S）X一般、（S）X一样、（S）X似的。例如：

（1）常言说道：妻子如衣服，兄弟如手足。这是怎么的呢？妻子也是骨肉至亲，虽然再要亲切没有的了，究竟比不得兄弟，兄弟同为父母遗体，比况着自己身子，就<u>如手足一般</u>。（《河南白话科学报》1908（17）：2）

---

❶ 吴仲华. 比况短语中的"跟X一样/似的"格式 [J]. 湖北成人教育学院学报，2005（5）：49.

(2) 千年芝加角开世界博览会，有美国盐商几十家，合股聘了一个技师，用盐二十一吨，塑成一个盐的自由神，放在博览会里，神像用盐五吨，立神像的台用盐十六吨，高一丈二尺，那台是琥珀颜色的盐制成的，神像头上装了电灯，到了夜里，燃起电来，照得通身玲珑，同水晶一样。（《少年》1911（7）：4-5）

(3) 那云里含的水气，升到空中，被冷气一逼，便冻成冰水粒，从上而下，在大气里头旋转，仿佛摇元宵似的，越滚越大，便成了冰雹。（《京话日报》1904-08-21）

例（1）中的"如手足一般"中"S""X"分别是"如""手足"；例（2）中的"同水晶一样"中"S""X"分别是"同""水晶"；例（3）"仿佛摇元宵似的"中"S""X"分别是"仿佛""摇元宵"。以上例中的"S"为搭配动词，"X"为附着对象，为名词性或动词性词语，其中以名词性词语为主。

二、"（S）X一般"比况构式

在白话报刊中，"（S）X一般"比况构式出现较多，下文将从构式的表现形式、句法功能、构式义及语用价值等方面进行探讨。

（一）"（S）X一般"构式的表现形式

此构式先分两类：X一般、SX一般，前者无S，后者有S。例如：

(4) 你原来和那唐美图父女相识呢，那女郎名叫能智，生得天仙一般，只是每日没早没晚，口中不断的说什么荣豪荣豪，原来荣豪正是你，这一席话说得荣豪又惊又喜又悲又快，回想唐美图父女情形，和拳打巡警的事体，恍忽好像隔了一世的光景。（《安徽俗话报》1904（13）：26）

(5) 问：地是什么样子。答：是平圆的，如同福橘一般，所以叫做地球。（《杭州白话报》1901（1）：1）

"（S）X一般"可细分为九种类型，包括：好像X一般、好比X一般、好似X一般、像X一般、像似X一般、仿佛X一般、如同X一般、如X一般、同X一般。例如：

（6）如今且不论外国，不论外国药水，中国的高粱烧酒，未有渣滓，也未有颜色，<u>好像清水一般</u>，怎么样要吃得醺醺大醉呢？（《杭州白话报》1901（9）：2）

（7）有一个直线，远入四方，直到天空，没有边界，那平面<u>好比磨刀石一般</u>，这就叫地平线，然而人的眼睛望见的地方，活像是很平的，其实那地的形式，好像一个圆球。（《敝帚千金》1905（8）：21）

（8）马江九见一时不能取胜，就想出一个长久之计，传令三军，筑起一座土营，<u>好似铜墙铁壁一般</u>，英兵见马江九筑营固守，也扎住营盘，紧紧守住。（《杭州白话报》1901（7）：3-4）

（9）这海口名叫大沽口，天生成的形势，极其险要，一向称为北洋门户，原有四座极高大雄壮的炮台，东西对峙，分明<u>像老虎的门牙一般</u>，各派重兵保守。（《杭州白话报》1901（7）：12-13）

（10）你道这太阳远不远么，你们望这太阳，真<u>像似烙红的铁磨一般</u>，都说这太阳并不甚大，那知计算起来，太阳还比地球大一百四十万倍。（《杭州白话报》1901（18）：3）

（11）这瘤子有生长在脸上的，有生长在身上的，大小不同，无论长在那儿罢，总算是累赘人的东西了，所以又叫赘瘤。鄙人可就有这么一个病儿，偏偏的生长在右边腰椎骨上头，这个瘤子，我带在身边，就<u>仿佛装银子的口袋一样</u>，有三五十年了。（《敝帚千金》1905（9）：48）

（12）问：地峡是怎么讲的。答：是两大块陆地，中间忽然缩小的地方，<u>如同人腰一般</u>，所以又叫做土腰。（《杭州白话报》1901（2）：4）

（13）他便倚仗教士的势力，要占便宜，告到官府，那官府也袒护教民，动要平民赔他不是，以至平民吃亏，大家怀恨在心，便看了

教民,如蛇虎一般,大为地方之害。(《杭州白话报》1901(5):8)

(14) 年纪大了,亲戚朋友来往,也常常有这种话灌进耳里,日长月久,便深深印入脑中,永远不忘,居然信奉俗语,同圣经一般。(《杭州白话报》1901(12):1)

以上例句中"S"为动词,包括"好像、好比、好似、像、像似、仿佛、如同、如、同"等,"X"为名词或名词性词语,包括"清水、磨刀石、铜墙铁壁、老虎的门牙、烙红的铁磨、装银子的口袋、人腰、蛇虎、圣经"。

(二)"(S)X一般"构式的句法功能

考察发现,"(S)X一般"构式作谓语是占主导的句法功能,同时还可作宾语、定语和状语。例如:

(15) 巴拿马系美国南境地名,此地一面通太平洋,一面通大西洋,中间隔着这块旱地,形如蜂腰一般,以致两洋船只不能往来。(《京话日报》1904-11-28)

(16) 汉字初创造时,是个篆文,篆文以形为主,类如日月鱼鸟等篆,都是如同画图一般,日字画成圆形,月字画成半圆形。(《河南白话科学报》1908(18):4)

(17) 我们的身家财产,岂不都送在他手里么,眉头一皱,计上心来,就放出那一副虎狼似的手段。(《杭州白话报》1901(17):4)

(18) 某处房屋,碰着电火,一霎时毕毕剥剥的烧起来,那时天落大雨,好像水盆一般的倒下来,无奈火势太猛,赛过火上浇油,越烧越旺。(《杭州白话报》1901(1):1)

例(15)中"如蜂腰一般"作"形"的谓语;例(16)中"如同画图一般"作"是"的宾语;例(17)中"虎狼似的"作"手段"的定语;例(18)中"好像水盆一般"作谓语"倒下来"的状语。

(三)"(S)X一般"的构式义

每种构式都有其构式义,并且具有不可预测性(Unpredictability)。构式赋义即构式内部各构件组配的结果，也就是概念整合产生的"浮现意义"。而比况构式"(S) X 一般"的构式义是"用甲事物来比较乙事物"，甲乙两事物之间可同质，也可不同质。例如：

(19) 依我说起来，中国的人，都和我的同胞弟兄一般，同胞弟兄，莫非可以两样看待的么？(《杭州白话报》1901 (3)：1)

(20) 这些官吏，本是替我们百姓办事的，就像店里请的伙计一般，老板若果不糊涂，那伙计怎敢天天弄弊黑着心肝开糊涂账呢？(《中国白话报》1903 (1)：3)

(21) 问：岬是怎么讲的。答：是一条陆地，突然伸出海洋，如同人脚一般，所以又叫做土股。(《杭州白话报》1901 (2)：4)

(22) 江水过了重庆，就如飞箭一般，一直向东北流去，到了夔州，就是湖北共四川交界，这地方的形势，危险的了不得。(《中国白话报》1904 (5)：19)

例 (19) 与例 (20) 的比况构式中甲乙两事物都是同质的，前者"中国的人"与"我的同胞弟兄"进行比较，后者"这些官吏"与"店里请的伙计"作比较，因而这两例的构式义是"用甲事物比较乙事物"。例 (21) 与例 (22) 的比况构式中甲乙两事物都是异质的，前者"岬"与"人脚"进行比较，后者"江水"与"飞箭"作比较，因而这两例的构式义是"用甲事物比喻乙事物"。简言之，"(S) X 一般"的构式义是"用甲事物来比况乙事物"，具体根据甲乙两事物是否同质可分为两种小类，即"用甲事物来比较乙事物"与"用甲事物来比喻乙事物"。

(四) "(S) X 一般"构式的语用价值

考察发现，"(S) X 一般"构式用于口语语体中，其语用价值表现在描写性上，通过对甲事物进行比较描写，使得事物更加形象化和生动化。例如：

(23) 那四面打来的弹子，竟如落雷阵雨一般，横空乱飞，不计其数，但听得租界四面的房屋，一阵一阵的如山崩海泻。(《杭州白

话报》1901（11）：23）

(24) 美洲的山，是个南北脉，但山脉的内容，还是东趋，所以美洲的地形，<u>同蝴蝶一般</u>。(《中国白话报》1904（16）：10)

(25) 只要是个名角，任凭演的怎样无理，喝彩的声音，<u>仿佛连珠炮一般</u>，这种声音，实是从肺腑发出。(《京话日报》1904-11-29)

(26) 这就是火山的道理，什么叫温泉，是由地中喷出来的水，不必用火点它，自然就是热的，<u>好像沸腾的水一般</u>，是因为这水的根源，深入地球的内部。(《敝帚千金》1906（11）：4)

比况构式中，作为乙事物的"X"具有通俗化的特点，以上四例出现的"落雷阵雨""蝴蝶""连珠炮""沸腾的水"都是较为常见的客观事物，这与白话报刊面向中下层的受众有着密切的关系。

第五节 "A来B去"构式[1]

白话报刊中出现了较多的"A来B去"构式。如：

(1) 马车来了，若是坐的洋人，飞风也似的<u>跑来跑去</u>，那红头巡捕，连眼稍儿也不敢瞧他一眼。(《杭州白话报》1903（8）：21)

(2) 后来这个坟，叫暴雨劈雷冲毁了，看起来，还是天理要紧，还有好些个讲风水的，<u>讲来讲去</u>，自己也胡涂了，没的可说了。(《敝帚千金》1904（2）：14)

我们对"A来B去"构式进行语法、语义、语用等方面的研究，试图发掘清末民初白话报刊时期这一构式的特点。

---

[1] 本节考察"A来B去"构式，其中的"A""B"可以相同，也可以不同。

一、"A 来 B 去"构式的语法特点

我们从构式的内部构成和语法功能两方面进行分析。

(一)"A 来 B 去"构式的内部构成

可分为两类,第一类是 A、B 音节相同,例如:

(3) 同治年间派了他,他想查出真凭据,方才服得洋人住,查出心肝人眼睛,好将教士定罪名,查来查去全无有,空言塞不住洋人口。(《杭州白话报》1901 (2):3)

(4) 我常听着老女人家,说那长毛子未反以前,人家女儿是小姐,无论是少奶奶,平日轿来轿去,到了这会也不免寸步难捱,要受一些奸淫掳杀的糟蹋了。(《安徽俗话报》1904 (7):36)

(5) 他就自满自足,扬扬得意,自以为人都怕他,也都爱他,自以为尊荣福乐、篙无一失了,没想到一来二去的,上了年纪了,力气衰败。(《敝帚千金》1905 (9):37)

(6) 夏天打雷阵雨的时候,空中闪烁有光,忽来忽去,连那黑暗房屋,都照同白昼一般,这光不是叫做电光么?(《杭州白话报》1901 (22):11)

考察发现,"A"与"B"的词性以动词为主导,如:跑来跑去、飞来飞去、游来游去、变来变去、看来看去、走来走去、荡来荡去、流来流去、跟来跟去、骑来骑去、踱来踱去、闯来闯去、挨来挨去、爬来爬去、捱来捱去、夺来夺去、逛来逛去、挤来挤去、比来比去、拍来拍去、弄来弄去、想来想去、摔来摔去、唱来唱去、算来算去、说来说去、开来开去、摩来摩去、读来读去、颠来颠去、摸来摸去、推来推去、讲来讲去、闹来闹去、考来考去、骗来骗去、忧来忧去、挪来挪去、让来让去。

"A"与"B"的词性除了动词外,还有名词、数词和副词。名词的还如:时来时去、春来秋去。

另一类是 A、B 音节不同。具体可分为两小类:第一类是 A、B 意义相

近。例如:

(7) 方振汉也急欲将此事告诉光复会各会员,两人只在檐下,<u>踱来蹀去</u>,心里七上八下,大有风鹤皆兵的情景,方振汉道,我们既刺了张止东,应该十分快意。(《中国白话报》1904(9):63)

(8) 我尝西洋人到了夏天,有钱的都顶要迁到别处,也因为城市上住的人太多,空气总不能够洁净,<u>呼来吸去</u>,总是些浊气。(《安徽俗话报》1904(10):38)

类似的例子还如:摇来荡去、游来逛去、翻来覆去、跌来碰去、哼来喝去、拥来挤去、挨来挤去、呼来喝去、思来想去、翻来阅去。

第二类是A、B意义相反,例如:

(9) 我们做百姓们的,总要存一个夺回的心思,须知道我们中国人,任凭<u>活来死去</u>,万万逃不出中国人三个字的衔头,何苦来要做汉奸,要做卖国贼呢?(《杭州白话报》1902第二卷(30):2)

(二)"A来B去"构式的语法功能

考察发现,"A来B去"构式绝大多数作谓语,还可充当宾语、定语及状语。

1. 作谓语

(10) 若是差一刻半刻,事便不能成功,懒惰的人,他的脾气,总不肯一件事到了面前立起身便做,<u>捱来捱去</u>,上午的事,捱到下午,下午的事,捱到明朝。(《杭州白话报》1903(5):8)

(11) 这妇人立刻的连夜坐了一个小船,往美营去了,可巧这夜风雨大起,这船在江中<u>摇来荡去</u>,差一点儿没有沉了。(《京话报》1903(2):11

2. 作宾语

(12) 以我们听这雷声，觉得翻来覆去，甚觉长久，有时候，空中电气，触着树木，触着人、物，树木也枯了，人、物也死了，你们看到电学书，便都明白。(《杭州白话报》1901 (22)：12)

(13) 那些苍蝇听说，都笑着说道，你也是游来逛去，不做什么事情的，怎么还来责备我们哩。(《京话报》1903 (1)：2)

3. 作定语

(14) 我还听见那磕磕碰碰的老太婆，瘪着嘴儿，曲着腰儿，喉咙里还有那呼噜呼噜的痰声，跌来碰去的向这辈做娘的人讲道："难看呀，难看呀！"(《杭州白话报》1902 第二卷 (5)：1)

(15) 这时候吃的东西，都是靠着山里野兽、树里野鸟，把它打下来，就胡乱拿来吃一两顿，天天跑到山里去打野兽野马，觉得很费事的，有一天大家走到河边一看，哈哈！那河里面也有许多跑来跑去的东西，这岂不是给我们吃的么？(《中国白话报》1903 (1)：11)

4. 作状语

(16) 他就自满自足，扬扬得意，自以为人都怕他，也都爱他，自以为尊荣福乐、篱无一失了，没想到一来二去的，上了年纪了，力气衰败。(《敝帚千金》1905 (9)：37)

二、"A 来 B 去"构式的语义特点

在"A 来 B 去"构式中，"A""B"的词性主要表现为动词，基于此我们考察"V 来 V 去"这种构式的语法意义。例如：

(17) 庄子说"是一部古书的名目，大块噫气，其名为风"，这句话颇有意思，但没有解得明白，现在明白的人，说道这风字的解

说,便是空气成流,那地球四围的空气,霎时间受热不等,彼此改变动荡,流来流去,便成为风。(《杭州白话报》1901(22):11)

(18) 俗语说"人要衣裳马要鞍",若是穿一件旧衣服,煤呼呼的,一股子晦气颜色,油晃晃的,两只大袖子,摔来摔去,成什么样子,就是脸儿长得好看,也不出色了。(《京话报》1903(2):4)

例(17)中的"流来流去"表示动作"流动"的反复进行,例(18)中的"摔来摔去"表示"摔"的反复进行。

类似的"A来B去"还如:飞来飞去、变来变去、走来走去、查来查去、荡来荡去、跟来跟去、踱来踱去、挨来挨去、捱来捱去、逛来逛去、挤来挤去、拍来拍去、想来想去等。

因而,我们可以说"A来B去"的语法意义是表示动作的反复进行。

三、"A来B去"构式的语用特点

考察发现,"A来B去"构式适用于口语中,具有鲜明的口语语体色彩。例如:

(19) 有一天伸出头来,往上一看,哦,看见了一只老鹰,伸着两只翅膀,在半天空里,自自由由的飞来飞去呢。(《京话日报》1903(2):5)

(20) 家里的人,就来多嘴,说道:"你天天要开民智,开来开去,连旧日的朋友都开不通,照此办下去,恐怕永世没有如愿的日子。"(《京话日报》1904-12-31)

例(19)中"飞来飞去"与语气词"呢"连用,例(20)中"开来开去"前面有"(家里的人)说道"的表述,均用于口语语体中。

第六节 "愈A愈B"构式

白话报刊中出现了较多的"愈A愈B"构式。如:

(1) 从明朝到清朝，葡萄牙人<u>愈来愈多</u>，竟当做自家的土地一般永远住着不去，到光绪十二年，因洋药要关税厘金，两项一同收捐。(《杭州白话报》1901 (16)：1)

(2) 随后因为有道教佛教，这班读书人，也要说孔子是儒教，到了现在，又把孔教并耶教并言，真真是<u>愈出愈奇</u>了。(《中国白话报》1904 (13)：26)

下文我们对"愈A愈B"构式进行内部构成、语法功能及语义特点等方面的研究，试图发掘清末民初白话报刊时期这一构式的特点。

一、"愈A愈B"构式的内部构成

(一) A、B的音节数量

考察发现，A与B绝大多数为单音节，少部分表现为：A为单音节，B为双音节。分别举例如下：

(3) 到得离京不过八九十里的地方，忽然遇着大股拳匪，将薛慕尔围困定了，起初也打几仗，后来竟<u>愈聚愈多</u>，人有几万。(《杭州白话报》1901 (10)：18)

(4) 朱氏一家，人多物多，倒也有点儿难以掩饰，威兄如此，竟以此事奉托，总须探听大江兄一个切实下落，然后再作道理，大家连声道是，陈飞卿道，事已到此，<u>愈静愈妥当</u>，徒然张皇，有何益处？(《杭州白话报》1903 (14)：70)

A与B为单音节的还如：愈种愈多、愈积愈厚、愈传愈弱、愈战愈勇、愈积愈多、愈弄愈大、愈分愈细、愈出愈奇、愈干愈多、愈快愈妙、愈用愈强、愈涨愈高、愈趋愈下、愈想愈精、愈结愈固。

A为单音节，B为双音节还如：愈静愈野蛮、愈红愈野蛮、愈用愈坚固、愈过愈空疏。

(二) A、B 的词性

考察发现，"愈 A 愈 B"构式中 A 的词性以动词为主导的占78%，形容词为主导的占22%。分别举例如下：

(5) 人一天穷一天，种一天坏一天，不知不觉，渐渐的人口减少下来了，白种人却是子生孙，孙又生子，<u>愈生愈旺</u>，年深月久，便多是白种人，那土种竟被白种灭绝了。(《杭州白话报》1901 (14)：3)

(6) 一个人不论做什么事，总要<u>愈快愈好</u>，午前要做的事，如午前不做，捱到午后，午后的事，又出来了。(《杭州白话报》1903 (5)：9)

A 为动词的还如：争、种、聚、变、来、考、扯、传、打、战、用、进、弄、发、读、出、分、干、想、用、涨、结。

A 为形容词的还如：大、红、静、高、多。

构式中 B 的词性以形容词为主导，占95%，个别为动词或动词性词语。分别举例如下：

(7) 我汉种的势力范围，就<u>愈弄愈大</u>，这也是优胜劣败天演的公例，毫不希奇的还有大大体面的事呢。(《中国白话报》1903 (1)：75)

(8) 到了后世，做皇帝的日尊，做臣子的日卑，皇帝看臣子，同畜生一般，一点儿不恭敬，所以好人<u>愈过愈少</u>，治道<u>愈过愈退</u>。(《中国白话报》1904 (11)：24)

B 为形容词的还如：野蛮、妥当、多、坏、好、旺、厚、大、长、弱、懈、勇、好、妙、精、小、奇、细、空疏、放肆、盛、强、灵、高、固。

二、"愈 A 愈 B"构式的语法功能

考察发现，"愈 A 愈 B"构式以作谓语为主导，少数可作宾语或补语。分别举例如下：

(9) 那闵氏自从掌了大权之后，又贪又暴，专一虐待百姓，要百姓的钱财，生平又最恨的是维新两字，事事与开化党为仇，所以守旧党<u>愈聚愈多</u>。(《杭州白话报》1902 第二卷（1）：2)

(10) 苦学生既是贫寒，那里来的资本，这就仗着父母所遗的筋力，上天所赋的智慧，筋力是<u>愈用愈强</u>，智慧是越开越进。(《京话日报》1904-9-24)

(11) 况且中国的一班读书人，又要说一种偃武修文的呆话，把武事看得很轻，一点儿不晓得振作，所以中国的兵力，就弄得<u>愈来愈弱</u>了。(《中国白话报》1904（11）：9)

例（9）中"愈聚愈多"作谓语，例（10）中"愈用愈强"作宾语，例（11）中"愈来愈弱"作补语。

三、"愈 A 愈 B"构式的语义特点

考察发现，"愈 A 愈 B"构式表示"由于某种动作的影响使得性状逐渐增强"的语义特点。例如：

(12) 脸上全是斑斑落落凸出的点子，血管<u>愈放愈大</u>，愈扯薄，愈扯薄，愈容易破坏。(《杭州白话报》1902（30）：2)

(13) 这几位本无战心的统领，看看日本兵将<u>愈战愈勇</u>，只吓得心惊胆裂，便你也要想逃，我也要想逃，弄到后来，率性彼此不相关照，竟各归各的弃城而走。(《杭州白话报》1902 第二卷（21）：41)

例（12）中的"愈放愈大"表示在"放"的动作下逐渐变大，例（13）中的"愈战愈勇"表示在"战"的动作下逐渐勇敢。

四、"越 A 越 B"构式

在白话报刊中，与"愈 A 愈 B"构式具有相同语义特点的还有"越 A 越

B"构式。例如：

(14) 那人民土地，方才占夺下来，但是这个办法，还是手对手、硬碰硬，没有一个不知道他是我们的大敌，自然大家发愤，一齐儿和他为难，也有仍然把土地夺回来的，无奈外国人的心思<u>越用越狠</u>，计策<u>越变越巧</u>，他要占夺我的土地，也不要用着兵力，他只须威吓着我们的政府。(《杭州白话报》1902 第二卷 (28)：1)

(15) 山顶上的野草，就是当日极深的林，更有当日的树株，现在已绝了种的，也有树叶林木，<u>越变越结实</u>，化成石头的，所以现今的煤矿，就是古来的树林。(《中国白话报》1903 (4)：11)

考察发现，构式中 A 为动词，如例 (14) 中的"用""变"; B 为形容词，如例 (14) 中的"狠""巧"，例 (15) 中的"结实"。

"越 A 越 B"构式还如：越看越多、越来越多、越变越少、越添越多、越造越多、越烧越旺、越传越广、越行越广、越传越多、越饮越多、越聚越多、越想越难、越造越精、越做越好、越逼越近、越听越近、越用越狠、越变越巧、越显越大、越出越多、越久越多、越变越结实、越看越难过、越多越富强。

第七节 "可 A 可 B"构式

白话报刊中出现了较多的"可 A 可 B"构式。如：

(1) 人若有了学问，必定有爱国的心，学问是从那里来的呢，必定是学来的，是从那里学来的呢，必定是先生教的，唉！今日想到我们中国的教育，实在是<u>可痛可耻</u>。(《中国白话报》1904 (11)：69)

(2) 我看你们，身居大海，并没有福享受，整天的担惊害怕，为一个大鱼，也值当的这样慌张忧虑么？实在是<u>可愧可笑</u>！你们但看我，我是何等的度量宽大！(《敝帚千金》1905 (2)：46)

我们对"可A可B"构式进行内部构成、语法功能及语义特点等方面的研究，试图发掘清末民初白话报刊时期这一构式的特点。

一、"可A可B"构式的内部构成

（一）A、B的音节数量

考察发现，A、B的音节数量均为单音节，例如：

（3）他们居住入学，我无不相帮尽力，好使人人安心向学，他们也很有志向，很肯用功，真可敬可喜，而且贵国向来风俗，女子怕见男子，以为是守礼节。（《杭州白话报》1902第二卷（12）：6）

（4）万般的物力，都消耗在一杯清水之内，若照我以上分工的道理说起来，这种人都是社会的蠹贼，个个可诛可杀、罪恶滔天了。（《中国白话报》1904（11）：75）

（二）A、B的词性

考察发现，A、B的词性绝大多数为动词，占82%，其他为形容词，占18%。例如：

（5）有人说，《安徽白话报》看不得，看着不是叫人哭坏了，就是叫人笑坏了，火后复活，那可哭可笑的事情，想必比从前更多了。（《安徽白话报》1909（1）：23）

（6）少年爱国，天下可悲可惨的事情，顶属眼看自己国家将要灭亡，这时候比什么事情都显外悲惨，眼看着没有一点活路，那种伤心惨目，真是到极处了。（《敝帚千金》1906（16）：31）

动词的构式还如"可诛可灭、可兴可衰、可存可亡、可有可无、可敬可佩、可哀可叹"等。形容词的构式还如"可好可坏、可多可少、可亲可爱、可贵可重、可久可远"等。

(三) A、B 的语义关系

绝大多数的 A、B 属于同一意义方向的范畴，例如：

(7) 革命纪元之岁，老兄倘与俺们同情反对内阁，今日轮到己身，迷了官场的魔障，那习惯就转换得快，那思想就变迁的灵了。(冷笑介) 呵呵！这难道不<u>可敬可仰</u>吗？ (《中国白话报》1904 (13)：44)

(8) 古今中外，无论是那一时那一世，总数得着这个人罢，如今我们中国人，拿着一个完完全全、<u>可贵可重</u>、<u>可久可远</u>、万物之灵的人物，会没有多少立个好志向的。(《敝帚千金》1906 (19)：18)

类似的构式还如：可哀可叹、可悲可惨。

另外，A、B 之间也有反义关系，如：

(9) 那些特性，约分三种，一种是好性质，父母要引诱他好好保存；一种是坏性质，父母要管教他，快快改脱；一种是<u>可好可坏</u>的性质，父母要监制他，就那好的，去那坏的，这才算尽父母的责任咧。(《安徽俗话报》1904 (12)：17)

(10) 大凡一个人物，必须有特别的志气，高尚的品行，才可以流芳千古，不然，同流合污的鬼混一世，那岂不是枉食天谷、苟延岁月，与飞禽走兽有什么分别呢？然而世间上中材的人多，他那个资质是<u>可善可恶</u>，全在幼时候有好教育栽培他，叫他把那高尚的道德耳濡目染。(《敝帚千金》1905 (2)：9)

类似的构式还如：可兴可衰、可存可亡、可此可彼、可多可少、可有可无。

二、"可 A 可 B" 构式的语法功能

考察发现，"可 A 可 B" 构式充当的句法成分包括谓语、宾语以及定语，

谓语占44%，宾语占38%，定语占17%。例如：

(11) 铁匠的机器，机器锅炉，合木匠用的相仿（锅炉汽机可大可小，自一两匹马力，至千百匹马力，用法都是一样）。(《京话日报》1905-01-14)

(12) 我看见这许多丢脸的说话，由不得面红耳赤，自言自语道："中国人，中国人，怎么把中国人威荣赫赫的令名，都丢到九霄云外去呢？哦，是了是了，这是中国人不晓得中国人有可尊可敬可荣耀的资格，所以垂头丧气，笑骂由人。我且把中国人可尊可敬可荣耀的资格，一一说来，愿我最亲爱最希望的同胞……"(《杭州白话报》1902 第二卷 (3)：1-2)

(13) 陈涉革命的原因，我已在第二章里面说完了，但陈涉革命的事情，真正是可钦可佩的。(《中国白话报》1904 (16)：19)

例(11)中"可大可小"作谓语，例(12)中"可尊可敬可荣耀"作定语，例(13)中"可钦可佩"作宾语。

三、"可A可B"构式的语义特点

考察发现，"可A可B"构式表示并列或选择的语义特点。例如：

(14) 这样收场，百年后尚不分明，难道不可哀可叹么，先生与奴家招回这三百少年的魂灵者。(《中国白话报》1904 (21-24合期)：128)

(15) 凡事一秉大公，总以利国利民为心，像那样办法，可就大大的不对了，如今中国正在那可兴可衰、可存可亡的时候，若是照着那旧法子，凡事不论是非，不论利害，就论在上有权人的。(《敝帚千金》1905 (7)：31)

例(14)中"可哀可叹"表示悲痛的心理感受，"可A可B"构式中出现的"哀""叹"呈现的为并列的语义关系；例(15)中的"可兴可衰"，

"兴""衰"在"可A可B"构式中表现为选择的语义关系。

第八节 "最A最B"构式

白话报刊中出现了较多的"最A最B"构式。如：

(1) 普通学问，约分八种，一国文，二修身，三历史，四地理，五物理，六算术，七家政，八生理，这八种学问，是女子<u>最要最简</u>的教科，其余还有针指、音乐、图画，都是女子应该学习的材料。咳！茫茫宇宙，不晓得可有几个女界英雄，振兴女学，唤醒这二万万的柔魂弱魄呢？(《杭州白话报》1902 第二卷（12）：8-9)

(2) 西洋人初进了飞律滨，教飞律滨人与他做城，有不做工当役的，他就说是犯法，不是打便是杀，所以飞律滨人新与他做下一个<u>最坚最固</u>的城，副将怎么能攻的开，李马奔听了此话，情愿亲自来攻。(《第一晋话报》1905（3）：21)

下文我们对"最A最B"构式进行内部构成、语法功能、语义特点、语用功能等方面的研究，试图发掘清末民初白话报刊时期这一构式的特点。

一、"最A最B"构式的内部构成

（一）A、B的音节数量

考察发现，A皆为单音节，B绝大多数属于单音节，少部分为双音节。例如：

(3) 婢仆在一家之中，所居的地位，却是<u>最卑最下</u>，但是列位要晓得婢仆的好歹，关你一家家运好歹不少。贤君用了好官员，其国才能兴旺，如若是不好官员，便衰败了；主妇用了好婢仆，其家才能兴旺，如若是不好婢仆，便衰败了。(《杭州白话报》1902

(33)：35）

（4）那新风俗新学问新智识，必定推到我们大家所办的白话报，是一个最大最坚固的根基，列位不信，试看着欧美日本各国，凡是绝大的事业，都从几个文人，把那些世界历史、人伦道德翻演了一篇白话。（《杭州白话报》1903（1）：2）

例（3）中的"最卑最下"中的"卑""下"均为单音节；例（4）中的"最大最坚固"中的"大""坚固"，前者为单音节，后者为双音节。

(二) A、B的词性

考察发现，A、B的词性绝大多数为形容词，极少数为动词或形容词。例如：

（5）后来新皇登极，移住冬宫，天下都望新主把从前的苛政改除。国内的新党，想着新皇做太子的时候，不喜欢专制政策，将来必定许民自由了，连那些最乱最暴的虚无党，亦因为政局未定，都睁着眼望、束着手不动。（《杭州白话报》1902第二卷（13）：1）

（6）山东有一个总兵，姓龙名殿扬，便是纵容拳匪大臣刚毅最爱最得用的门生，前年刚毅由东南各省搜刮地皮回京见皇太后时，便欣欣得意道，这龙殿扬是奴才的黄天霸，现在龙殿扬忽然到京，不知怎样用他。（《杭州白话报》1902第二卷（1）：1）

例（5）中的"最乱最暴"中的"乱""暴"属于形容词；例（6）中的"最爱最得用"中的"爱""得用"，前者属于动词，后者属于形容词。

(三) A、B组合的可能性

考察发现，一些"最A最B"构式中A、B可以组合为双音词，说明二者之间具有紧密的语义结合度。例如：

（7）这时倘不等个速成的法子，那能够济急呢，别的速成法子也没有，据我看来，最快最捷的只有刺客，有人驳道，刺客固是好的，但这等风气，已经歇绝千余年了。(《中国白话报》1904（17）：1)

（8）山西省城总算是有了文明气象了，他还以为不足，要创一件最苦最难的事，想叫山西全省的百姓一下子都成了明白人，你想用甚么法子好罢。(《京话日报》1905-07-23)

例（7）"最快最捷"中 A、B 组合的双音词为"快捷"，例（8）"最苦最难"中 A、B 组合的双音词为"苦难"。

类似的构式还如：最亲最爱、最尊最敬、最坚最固、最敬最爱、最良最好、最重最要。

二、"最 A 最 B"构式的语法功能

考察发现，"最 A 最 B"构式以作定语为主导，少数可作谓语或宾语。分别举例如下：

（9）如今则改用铝质，原来铝是从砖瓦泥土中化炼出来，是一种最轻最坚的金类，年深月久，也不为空气所剥削蚀。(《少年》1912（1）：1)

（10）箭本是竹子的尖，因矢最直最尖，所以就管矢叫箭，现在的开气袍叫箭衣，因为本朝习射，两腿弯开，必须开气，如今枪炮猛烈，弓箭是无用了。(《京话日报》1904-10-26)

（11）虽不好也有好处，过强过弱，皆有一偏，总以不强不弱，恰得其中庸的为最良最好。(《北直农话报》1906（12）：8)

例（9）中"最轻最坚"作定语，例（10）中"最直最尖"作谓语，例（11）中"最良最好"作宾语。

三、"最 A 最 B"构式的语义特点

考察发现，"最 A 最 B"构式表示"程度最高"的语义特点。例如：

(12) 我<u>最亲最爱</u>的同胞呀，你可不是<u>最尊最贵</u>的中国人么？你所生的国度，可不是世界上独一无二的国民么？你所处的时候，可不是去旧从新的老大帝国么？呵呵！天呀天呀！你却待我们不薄呢！（《杭州白话报》1902第二卷（3）：1）

(13) 你看如今地球上立国的只有两个法子，一个民主国君由民举，一个君主立宪国兴起，民权限制君权，君主专制国万万不能存立，那日俄战争胜败便是<u>最近最新</u>的镜子，这是闲话。（《第一晋话报》1906（6）：17）

例（12）中的"最亲最爱""最尊最贵"分别表示的是"亲爱"的程度之高以及"尊贵"的程度之高；例（13）中的"最近最新"表示"近且新"的程度之高。

四、"最A最B"构式的语用功能

考察发现，"最A最B"构式用于口语语体中。例如：

(14) 况且一两人送去的，难道说四万万人还要不回来么？只要我国民大家努力，要挽回前多年<u>最美最富</u>的中国，将见黄河岸上、扬子江头，勿论是什么国人愚弄去的。（《第一晋话报》1906（4）：41）

(15) 主妇<u>最重最大</u>的责任莫如理财这件事，爱修饰喜欢打扮，妇人的性质都是这样，我也不是说一定不要装饰，但是装饰太奢华，得不偿失，就是一家衰败的原因。节用省费，是富裕的根本。总而言之，钱财不可浪费，总要用的得宜，方不辜负它呢？（《安徽俗话报》1905（20）：6）

第九节 "如"类构式

考察发现，"如"类构式具有多种表现形式，例如：

(1) 这位公主，也算识得时势，但不知如何办法，且可惜只有京城一处，许多如花如玉的女孩儿家，不能多生在有学堂的地方，不能读书识字，真真可惜呢。(《杭州白话报》1902 第二卷 (19)：1)

(2) 那时守第一座炮台的主将，便是提督罗荣光，到了那日，远远望见海外的兵船，鼓轮如飞，将近海口，罗荣光知道是各国遣派来的，连忙着人请问缘由。(《杭州白话报》1901 (7)：13)

(3) 我要想同他们说，你想怎能破开他们如铁似石的顽固肚子，所以默了这几个月，如今城镇乡地方自治章程出来了，从前的官绅也没的说了。(《安徽白话报》1909 (2)：18)

(4) 惠灵吞手持窥远镜，仔细一望，看见法兵漫山遍野，似水如潮，乃调普兵，以为声援，自己守着坚壁清野之计策，始终不露一面。(《绣像小说》1903 (5)：3)

(5) 众人拍手喝采，欢喜异常，送李兰操回舰，再三致谢而去，日月如流，光阴似织，转瞬已是七月初六，是日午后，钟鸣三下。(《新小说》1902-9-2)

(6) 英廷就差一个使者，使者就是钦差，告诉俄国，劝他退兵。那俄国当这时候，正是轰轰烈烈，似狼如虎，恨不得即日可以把土耳其全国吞在肚里。(《杭州白话报》1901 (14)：8)

"如"类构式共包括六种表现形式，分别是"如 A 如 B""AB 如 C""如 A 似 B""似 A 如 B""AB 似 C""似 A 如 B"，其中以"如 A 如 B""AB 如 C"出现的数量较多，"如 A 似 B"次之，其他三种数量较少，下文重点考察"如 A 如 B""AB 如 C"两种。

一、"如 A 如 B"构式

(一)"如 A 如 B"构式的内部构成

1. A、B 的音节数量

考察发现，A、B 在音节上为单音节。例如：

(7) 爱育有两种，一是溺爱的爱，见了儿女，欢喜到了不得，或因得子已迟，更看他<u>如宝如玉</u>，事事曲承儿意，这便是溺爱的爱了。(《杭州白话报》1902 第二卷 (18)：9)

(8) 世界万象，<u>如梦如影</u>，哀我众生，沉迷不醒，国为尔家，身为尔形，不有尔国，何有尔身？(《杭州白话报》1902 第二卷 (22)：2)

2. A、B 的语法性质

考察发现，A、B 的语法性质以名词为主导，占72%，另外还有动词和形容词。分别举例如下：

(9) 列位在夜间时候，见有无数小星，<u>如点如粒</u>，那知这小星的体积，真也不小。有人说，大的恒星比太阳还大几百万倍。(《杭州白话报》1901 (21)：9)

(10) 噫，登高一望极目千里，全地早已隐蔽于冰雪之下，到处荒原残垒，凄凉寂寞，<u>如睡如泣</u>，霜雪漫空，海陆一色。(《新小说》1902-12-4)

(11) 天堂在什么地方，地狱在什么地方，毕竟没有亲眼看见，任凭几个和尚尼姑撒谎造谣，哄骗得四万万人，<u>如醉如狂</u>，以致工商业都大受害处。(《杭州白话报》1903 (7)：14)

(二) "如A如B" 构式的语法功能

考察发现，"如A如B" 构式以作谓语和定语的数量较多，少数可作宾语或状语。分别举例如下：

(12) 若说是中国人，也还<u>如梦如醉</u>，昏沉沉过去罢了，却早触动了欧洲各国的人心，纷纷都要起来向中国打话，日本和英国更觉关心。(《杭州白话报》1902 第二卷 (25)：1)

(13) 今日的杭州，是个<u>如灰如沙</u>、<u>如木如石</u>的杭州，杭州的形

质却与古时同，杭州的精神却与古时异。(《杭州白话报》1902第二卷（24）：1)

(14) 此外，我们中国土产各货，如牙器、漆器、瓷器、玩器、北京的绣货等件，俄人都极喜爱，看作<u>如珍如宾</u>，若使有人设法购卖，必定可以获利，可惜那些山西的商人偏执己见，不晓得变通。(《杭州白话报》1902第二卷（16）：4)

(15) 列位，试掉头东望，那一字长蛇的三岛，可不是<u>如火如荼、如花如锦</u>的兴旺起来吗？回想从前那种内政不修、外邦欺辱的情形，却和中国现在相仿。(《杭州白话报》1902第二卷（1）：1)

例（12）中的"如梦如醉"作谓语，例（13）中的"如灰如沙、如木如石"作"杭州"的定语，例（14）中的"如珍如宾"作"看作"的宾语，例（15）中的"如火如荼、如花如锦"作状语。

(三) "如A如B"构式的语义特点

考察发现，"如A如B"构式在语义上表示比喻。例如：

(16) 众人以为这番他的高妙议论一定出现了，那知依然只听得"今日我们"四个字，也便不再闻他的声音了，那时哈哈的声浪便<u>如山如潮</u>一般，把那大茅厂都盖住了。(《新小说》1902-35-12)

(17) 这位公主，也算识得时势，但不知如何办法，且可惜只有京城一处，许多<u>如花如玉</u>的女孩儿家，不能多生在有学堂的地方，不能读书识字，真真可惜呢。(《杭州白话报》1902第二卷（19）：1)

二、"AB如C"构式

(一) 构式的内部构成

1. "AB如C"的音节数量

考察发现，AB为双音节，C为单音节。例如：

(18) 那时守第一座炮台的主将，便是提督罗荣光，到了那日，远远望见海外的兵船，<u>鼓轮如飞</u>，将近海口，罗荣光知道是各国遣派来的，连忙着人请问缘由。(《杭州白话报》1901 (7)：13)

(19) 那时势甚凶猛，人心大为惶惑，将军府交涉处的人，<u>拥挤如山</u>，十点半，将军叫交涉处的人，往俄官处探问。(《杭州白话报》1902第二卷 (28)：2)

例 (18) 中的"鼓轮""拥挤"为双音词，类似的还如"堆积、旋转、背诵、学术、络绎、欢呼、岁月"等。

2. "AB 如 C"的语法性质

考察发现，AB 的语法性质以动词为主，C 以名词为主。分别举例如下：

(20) "恒"字作"定"字解，看这"定"字的意思，便似这恒星守着一个地方，端立不动，其实<u>旋转如飞</u>，因为离地太远，那恒星行动我们不能看见，所以叫作恒星。(《杭州白话报》1901 (20)：8)

(21) 我和我妻又信又疑，却不敢不走，跟到一宅，内中宝物<u>堆积如山</u>，鱼虾米谷不计其数，少年和一女人说道，你好好待这四个人，随即出去。(《中国白话报》1904 (21-24合期)：101)

(二) 构式的语法功能

考察发现，"AB 如 C"构式绝大多数作谓语，少数可作宾语。例如：

(22) 你看西方两洲东三岛，文明似锦，<u>学术如潮</u>，可不是当时的教育苗，愧煞我学界千重雾绕，谁能把腐块一笔勾消，我但愿有心人啊，做个学界大人豪，把这千钧重担双肩挑。(《杭州白话报》1902第二卷 (15)：2)

(23) 你看我，牵声胡儿，拜倒裙下，［白］想我此去也，定然是赤手屠龙、成功戏马，谁知道，我是个<u>身轻如燕</u>、<u>貌美如花</u>。(《中国白话报》1903 (3)：60)

例(22)中"学术如潮"作谓语,例(23)中"身轻如燕""貌美如花"作宾语。

(三) 构式的语义特点

考察发现,"AB 如 C"构式在语义上表示比喻。例如:

(24) 众人拍手喝采,欢喜异常,送李兰操回舰,再三致谢而去,<u>日月如流</u>,光阴似织,转瞬已是七月初六,是日午后,钟鸣三下。(《新小说》1902-9-2)

(25) 这话我是没有得驳了……孔老先生说到这里,满堂<u>拍掌如雷</u>,孔老先生接着道,他两位的话还多着呢。(《新小说》1902-36-13)

第十节 "有 A 有 B" 构式

白话报刊中出现了较多的"有 A 有 B"构式。如:

(1) 你看天空之中,白一块,青一块,这不是叫作云么?云的下面,空无所有,这不是纯是空气么?原来空中云层,<u>有厚有薄</u>,云的里面,含着电气。(《杭州白话报》1901(22):12)

(2) 外洋人之议论,<u>有同有异</u>,非一言可尽,今但就文凡力量相宜而论……(《中国白话报》1904(21-24 合期):204)

下文我们对"有 A 有 B"构式进行内部构成、语法功能、语义关系、语用特点等方面的研究,试图发掘清末民初白话报刊时期这一构式的特点。

一、"有 A 有 B"构式的内部构成

(一) A、B 的音节数量

考察发现，A、B 在音节上为单音节。例如：

(3) 大家都知道他<u>有国有君</u>，单单我们中国有国，中国有君，他不知道呢，这个大大的缘故，我们演书的，也不知道是在什么地方。(《杭州白话报》1901 (22)：8)

(4) 何况钟承祖的资囊统共只这二百多块钱，起先还<u>有输有赢</u>，可以支撑得住，到后来忘餐废寝，精神消乏，便是有输无赢了。(《京话日报》1904-10-31)

(二) A、B 的语法性质

考察发现，A、B 的语法性质以名词为主导，占 62%，形容词占 33%，少数为动词。例如：

(5) 江苏省通州地方，开设一个书报公社，社里<u>有书有报</u>，看的人都说便当得很，正是办得高兴，谁知道通州地方官得着这个消息，勃然大怒，立刻行文查拿。(《杭州白话报》1901 (10)：1)

(6) (问) 月蚀也<u>有多有少</u>吗？(答) 也有全蚀半蚀几分蚀。(问) 怎么叫全蚀呢？(答) 月亮的全体都被地球遮掩了，没有月光，叫做全蚀。(《安徽俗话报》1904 (11)：17)

(7) 国内商务，出入虽也不小，关系却不很大，为什么呢？同在一国之内，<u>有来有往</u>，今年赔了，明年还可赚得回来。(《京话日报》1904-10-07)

构式中 A、B 为名词的还如"有男有女、有形有色、有河有海、有柴有米、有气有水、有国有家"等；构式中 A、B 为形容词的还如"有阔有狭、

有直有曲、有平有峭、有新有旧、有优有劣、有粗有细"等。

(三) A、B 的语义关系

考察发现，A、B 在语义上表现为反义、相关义及近义三种语义关系。例如：

(8) 我波兰为世界党派最多之国，无论什么贵族党、议政党、君党、后党、联外人党，不胜枚举，有贤有否，<u>有优有劣</u>，最可恨的是依靠外人，毫无独立的性质。（《安徽俗话报》1904（13）：32）

(9) 王船山先生说道，上古时候，本没有皇帝，不过天下的百姓，都要推一个<u>有德有功</u>的人，奉他做主，里面有一顶好的人，就奉他做皇帝。（《中国白话报》1904（11）：24）

(10) 这一段议论，第二天刻在报上，大家伙传诵起来，别处的新闻报馆也都翻刻了，这都是<u>有凭有据</u>，并不是我事后随便胡编的。（《京话报》1903（4）：2）

例（8）中的"优""劣"属于反义关系，类似的还如"有直有曲、有新有旧、有粗有细、有同有异、有圆有缺、有大有小、有穷有富"等。例（9）中的"德""功"属于相关义关系，类似的还如：有声有势、有形有色、有才有德。例（10）中的"凭""据"属于近义关系，类似的还如"有势有力、有作有为、有河有海"等。

二、"有A有B"构式的语法功能

考察发现，"有A有B"构式以作谓语为主导，还可作定语与宾语。例如：

(11) 有人说，这彗星离着太阳，<u>有远有近</u>，有了远近，便分冷热，因此渐成了扁圆的形状，这句话也有点道理。（《杭州白话报》1901（21）：10）

（12）这聂军门名叫士成，号为功亭，是最<u>有勇有胆</u>的名将，赤心为国，累次战功，闻名海内，此番奉了朝廷的旨，带兵前去。（《杭州白话报》1901（6）：11）

（13）要查考他的传种，境遇的贫富，家道的衰旺，要查考他的作为，这却是<u>有凭有据</u>，不比那风水两个字，渺渺茫茫。（《杭州白话报》1902（29）：3）

例（11）中"有远有近"作谓语，例（12）中"有勇有胆"作定语，例（13）中"有凭有据"作宾语。

三、"有A有B"构式的语义关系

考察发现，"有A有B"构式表示并列的语义关系。例如：

（14）西国天文士，常拿了千里镜，仔细窥望，便见有无数细星，团聚一处，但是<u>有远有近</u>，有疏有密，有看得清楚的，有看不清楚的。（《杭州白话报》1902（30）：27）

（15）汉朝有个女子，姓班名昭，她是女子中顶<u>有才有德</u>的人，曾经代哥子班固续做汉书（续是接续），哥子未曾做完，妹子接续下去又做女诫七篇。（《杭州白话报》1901（19）：14）

四、"有A有B"构式的语用特点

考察发现，"有A有B"构式适用于口语中，具有鲜明的口语语体色彩。例如：

（16）这般村人，大半都是因那强盗进村，失了财产，穷苦无赖，志图报仇，其余那些<u>有钱有势</u>的财主，还在那里打算盘，三七二十一愿着眼前安乐，那里肯来进会。（《中国白话报》1903（2）：48）

（17）第二，成婚的规矩不合情理，原来成婚是人生一件大事，人人都说是喜事，我也说算是喜事，成婚的日子，亲戚朋友、本家邻舍都来送贺礼,吃喜酒,大家热热闹闹<u>有文有礼</u>,本是一桩大喜事,但是其中有三桩事,却实在不合乎情理。(《安徽俗话报》1904(4):1)

第十一节 "AB 而 C" 构式

白话报刊中出现了较多的"A B 而 C"构式。如:

(1) 问:地是什么造成的。答:是陆地就是旱路和水<u>穿插而成</u>的。问:陆地和水是什么比较。答:大约把地分成四份,陆地占了一份,水占了三份。(《杭州白话报》1901(2):3)

(2) 那兖州有个九河,有个雷夏,禹把九河的水,都叫他<u>顺道而流</u>,雷夏也通了水道,还有那灉沮二水。(《中国白话报》1904(5):29)

对于"AB 而 C"构式,文炼(1988)在谈到"类固定短语"时,指出"XX 而 X"的特点是:短语为偏正结构,功能是动词性的。❶

下文我们对"AB 而 C"构式进行内部构成、语法功能及语义特点等方面的研究,试图发掘清末民初白话报刊时期这一构式的特点。

一、"AB 而 C"构式的内部构成

(一)"AB 而 C"的音节数量

考察发现,AB 属于双音节,C 为单音节。例如:

(3) 总而言之,这种重力,都是互相<u>吸引而生</u>的,不但地球能够摄物体,即地球也为物体所摄。(《中国白话报》1904(7):32)

---

❶ 文炼. 固定短语和类固定短语[J]. 世界汉语教学, 1988(2):66.

(4) 这一万人还是些老弱残兵,打土匪也有些费事,若是外国兵马一涌而来,那里抵挡得住呢。(《安徽俗话报》1904 (1):11)

(二) 各构件的语法性质

"AB 而 C"构式中,"而"为固定成分,其词性为连词,把表示时间、方式、目的、原因、依据等的成分连接到动词或动词性短语上面。构式中的"AB",动词性词语占绝大多数,既可以为动词,也可以为动词性短语,分别举例如下:

(5) 封锁旅顺之策,乃用商船五只,内中满载引火之物,送至旅顺港口,后以驱逐舰,及水雷船护送而行。(《中国白话报》1904 (7):47)

(6) 当日只有残兵三千,而且军装不全,粮饷也没有预备,坐困数日,不得已弃城而走,马江丸得了城池,引兵一路追赶。(《杭州白话报》1901 (5):4)

动词还如"奔驰、呼啸、磨炼、吸引"等,动词性短语还如"离营、弃甲、乘潮、跳墙、溯江"等。

二、"AB 而 C"构式的语法功能

考察发现,"AB 而 C"构式以作谓语为主导,少数可作宾语。分别举例如下:

(7) 贵政府恪守公法,庶可望与敝国重订邦交,使贵国同享文明之福,说完,醇王致谢而退。(《杭州白话报》1902 (29):52)

(8) 我今日啊,一心顶礼,恭贺我五千余年文化普及的国民,第一愿我国民激发爱国心,国是积民而成,人人都有保国的责任。(《杭州白话报》1902 第二卷 (8):1)

例 (7) 中的"致谢而退"作谓语,例 (8) 中的"积民而成"作宾语。

三、"AB 而 C"构式的语义特点

考察发现,"AB 而 C"构式的语义特点可概括为"表示方式、原因等导致的结果"。例如:

(9) 二十四的马,到汉城来接应,接连着又到了三千多兵,乘坐两只兵舰,<u>星驰而来</u>,真个是兵精粮足、马壮人强。(《杭州白话报》1902 第二卷(4):8)

(10) 敌兵又<u>大败而遁</u>,正欲占据孙家镇,恰值敌人又添了生力马队一支,猛冲过来。(《中国白话报》1904 年(12):64)

例(9)中"星驰而来"的"星驰"表示"来"的方式,例(10)中"大败而遁"的"大败"表示"遁"的原因。

第十二节 "AB 之 C"构式

白话报刊中出现了较多的"AB 之 C"构式。如:

(1) 洋人游历是一件事,你们大家不要诧异,国有了个学堂,派几个学生游四方,<u>游历之人</u>不怕苦,独自穿州又过府,世间海阔又天宽。(《杭州白话报》1901(1):1)

(2) 无论声光化电、格致算学、制造工程和农工商医各种<u>专门之学</u>,有一种学,便有一种报。(《京话日报》1904-08-23)

对于"AB 之 C"构式,文炼(1988)在谈到"类固定短语"时,指出"XX 之 X"的特点是:短语为偏正结构,功能是名词性的。❶

下文我们对"AB 之 C"构式进行内部构成、语法功能及语义特点等方面的研究,试图发掘清末民初白话报刊时期这一构式的特点。

---

❶ 文炼. 固定短语和类固定短语[J]. 世界汉语教学, 1988(2):66.

一、"AB 之 C"构式的内部构成

(一)"AB 之 C"的音节数量

考察发现,AB 属于双音节词语,C 为单音节词。例如:

(3) 他不禁我登口岸,他不禁我我禁他,野蛮之名我自加,且为你们设比喻,无数华商外洋住,洋人得罪我华商,我们心中甘不甘?(《杭州白话报》1901(2):3)

(4) 天津北马路,官立的考工厂,日内便可开办,洋房高大,装饰华丽,凡民间铺户,所有货物,不论贵贱大小,都可送去,照原价代售,售出之后,钱归原主。(《京话日报》1904-08-17)

例(3)的"野蛮"属于双音节词,例(4)的"售出"属于双音节短语。

(二) 各构件的语法性质

考察发现,AB 的语法性质为动词性或名词性词语,少数为形容词。C 的语法性质为名词。例如:

(5) 抽身歌舞地,洗眼水云滨,咱木树,表字伯士,幼失双亲,长而好武,侠游之辈,结队成群,谈论之时,指天画地。(《中国白话报》1903(1):63)

(6) 那官府也袒护教民,动要平民赔他不是,以至平民吃亏,大家怀恨在心,便看了教民,如蛇虎一般,大为地方之害。(《杭州白话报》1901(5):8)

(7) 既不方便,还要把那些污秽垃圾丢在街上,腐烂之后,臭气扑鼻,闻着气的,要是身体空虚,便成疫症,这两件是地面上第一坏事。(《杭州白话报》1901(5):5)

例（5）中的"谈论"属于动词，例（6）中的"地方"属于名词，例（7）中的"腐烂"属于形容词；例（5）、例（6）、例（7）中的"时""害""后"属于名词。

二、"AB 之 C"构式的语法功能

考察发现，"AB 之 C"构式以作宾语和主语为主，分别占 48% 和 33%。少数可作状语。分别举例如下：

（8）美将霓德，安能度，出队抵敌，一直杀到红日西斜，未分胜负，两下各自收军，马江九见一时不能取胜，就想出一个<u>长久之计</u>。（《杭州白话报》1901（7）：7）

（9）列位，你道这章程怎么定法呢？原来地球上各国做皇帝的情形，大不相同，有的叫做<u>君主之国</u>，君是国君，主是主意，这君主之国是无论国家有一切什么事情，都不要去告诉百姓。（《杭州白话报》1901（5）：4）

（10）汝今一面捕鱼，一面又要吹笛，用心不专一，何怪不能得鱼，若肯如我之言，<u>捕鱼之时</u>，专心捕鱼，自然获鱼必多。（《少年》1911（1）：3）

例（8）中的"长久之计"作宾语，例（9）中的"君主之国"作主语，例（10）中的"捕鱼之时"作状语。

三、"AB 之 C"构式的语义特点

考察发现，构式的语义特点可概括为"用 AB 来修饰限制 C"。例如：

（11）那皇帝一个人不能独断独行，都要和上下议院商量，这叫做君民共主了。还有<u>民主之国</u>，那民主国一切事件，统要归议院做主，议院的权柄就比那国君大了。（《杭州白话报》1901（6）：5）

（12）其一是不能用人，事无论大小，必须得<u>辅佐之力</u>，要全靠自己去做，凭你精神百倍，也只能照顾眼面前。（《京话日报》

1904-09-09）

例（11）中的"民主"修饰限制"国"，例（12）中的"辅佐"修饰限制"力"。

以上我们对清末民初白话报刊中的待嵌构式进行了深入考察，可以说汉语在这一发展阶段待嵌构式类型多样，数量众多，同时也说明过渡时期的语言面貌丰富多彩，待嵌构式的丰富性与过渡时期具有重要的关系。

第三章
清末民初程度构式

在程度构式中，本章首先分析其结构类型，然后选择"X 得很""X 得了不得"等构式进行语法、语义及语用考察。

第一节 程度构式的结构类型

认知范畴中的程度范畴是人类对事物、行为或性状发展变化状况等客观程度因素进行描写、说明、评价的主观手段的集合。❶ 考察发现，清末民初存在数量较多的表程度范畴的构式，可称为程度构式。例如：

(1) 中国的秀才、举人、进士、翰林，<u>多得很</u>，若是叫秀才、举人、进士、翰林同外国人打仗，打得胜么？同外国人做生意，做得过么？同外国人办交涉，同外国人结交彼此干涉的事，办得妥么？(《杭州白话报》1901（11）：1)

(2) 科学仪器馆开得三年了，近来生意好得非常，内地办学堂的，要买各种博物理化仪器，以及动植物的标本图画，都要跑到他馆里去买。这仪器馆里头的仪器，办得顶完全齐备，而且东西又好，价值又了不得的公道，这也有个缘故。(《中国白话报》1904（7）：37)

---

❶ 蔡丽. 程度范畴及其在补语系统中的句法表现［M］. 北京：世界图书出版公司，2012.

(3)（丑白）从格搭到吴淞，路是<u>远得极</u>，既晤笃两位要去，也勿要紧，教得我呢多雇两个伙计就是哉，包管晤二天就可以到格。（《中国白话报》1904（11）：63）

(4) 那凤见他结了帮侣，心里有些不舒服，要想很命把他吹个四散，那晓得风越<u>吹得紧</u>，那雪越结得坚硬，风又用了许多方法去解散他，只是解散不来，弄得没有法子可想。（《中国白话报》1903（1）：71）

(5) 原来约西小时未出家门之时，甚为放浪优游，自由自在，饮食起居，有人伺候，<u>闷得慌</u>，或是系蜻蜓，或是养鸟，或是钓鱼，莫说被人欺侮、被人奚落，连那深山里的盗贼，也窃盗不到他身上。（《绣像小说》1904（32）：7）

(6) 那时候湖南地方有一般苗民，<u>顽恶得了不得</u>，因为他所据的地方，南有衡山，北有岐山，右有洞庭，左有彭泽，如此形势，真正是负嵎之虎，莫之敢撄了。（《中国白话报》1904（8）：22）

(7) 三个之中，有一个不好，将祖父遗下产业用得精光，那两个那怕是好人，也被那个不好的一齐<u>弄得不得了</u>，虽然兄弟情分，不比寻常，到了不得了的时候，也不该吵闹起来。（《杭州白话报》1901（21）：1）

(8) 李兰操到底不得脱舰的机会，看看已经要经过支布罗陀海峡，直出大西洋了，兰操好不<u>急煞</u>，一日走进欧露世寝室，再提议此事……（《新小说》1905（3）：12）

(9) 你们知道我们浙江省的酒捐<u>捐得厉害</u>么？告示上说，是捐得酿户，不是捐的饮户，具宝捐酿户便是捐饮户，酿户拿出捐钱可以抬高酒价捐，饮酒的人，不论价怎样贵，只好一五一十拿钱去买。（《杭州白话报》1902（30）：1）

我们对清末民初的程度构式进行定量统计分析，见表3-1：

表 3-1　清末民初程度构式的类型

程度构式	X得很	X得非常	X得极	X得紧	X得慌	X得了不得	X得不得了	X煞	X得厉害
数量	431	9	36	15	21	80	8	4	3
比例	71%	1%	6%	2%	3%	13%	1%	1%	1%
"X"例示	多、远	好、干燥	开、乖巧	吹、防	闷、跑	弱、顽劣	弄、亏空	急、愧	捐、闹

从表 3-1 可以看出：根据不同类型的程度构式出现数量，从多到少依次是：X得很>X得了不得>X得极>X得慌>X得紧>X得非常>X得不得了>X煞/X得厉害，其中以"X得很"构式占主导，其是清末民初程度构式的主要表现形式。下文将围绕"X得很"这一程度构式进行详细考察。

第二节　"X得很"构式

一、"X得很"构式的变体

程度构式"X得很"具有多种表现形式，即"X得狠""X的很""X的狠"三类。例如：

（1）夫子看了，<u>欢喜得狠</u>，我当时也抄了一册，遂在怀中取出递与我道，你好好收藏，将来按图索骥，多联络几个英雄，也好做个帮手，办点儿事情。（《安徽俗话报》1904（4）：21）

（2）读书人既然无用，我们这几位种田的、做手艺的、做买卖的以及那当兵的兄弟们，又因为着从小<u>苦得狠</u>，没有本钱读书，一天到晚在外跑，干的各种实实在在、正正当当的事业。（《中国白话报》1903（1）：1）

（3）现在天津教养局从日本买来的织布机，<u>简捷灵便的很</u>，大致和中国织布机也相仿佛，价本不大，学习不难，寻常人家，都不

妨买他一张。(《京话日报》1904-08-18)

(4) 璞玉本生在石中，未曾琢磨的时候，<u>朴素的很</u>，"朴""璞"二字意思相通，所以未治好的玉，就叫璞。(《京话日报》1904-10-31)

(5) 你们到他国里看看，那个大城池、大镇市，不用说那学堂<u>是多的狠</u>，就是到了一个小村落，也没有没学堂的。(《敝帚千金》1905 (2):2)

(6) 哈哈，诸君诸君，老僧告罪了，我昨儿偶然读一张苏报，看见有一件杭州的新闻，<u>可怜的狠</u>。(《杭州白话报》1902 (2):1)

可以看出，表程度义的"很"与"狠"同时存在，程度补语的标志"的"与"得"共用，这说明在清末民初时期"很/狠""的/得"的词类功能并未完全专职化，体现出此阶段汉语过渡性的特征。

二、"X 得很"构式的内部构件

(1) 从语法单位的角度，"X"绝大多数为词，少数为短语。例如：

(7) 见后门有棵大树，正靠着墙，墙下有个阴沟，阿么对钟承祖道，这个地方<u>好得很</u>，两个人心照不宣，欢天喜地的回到大街上，找了个小饭店，要了两壶酒，点了几碟现成菜，吃得个既醉且饱。(《京话日报》1904-11-06)

(8) 下官既无许大势力，只靠着几个头碰得响，两条腿跪得软，无奈那上司们见惯了，<u>不耐烦得狠</u>，任你碰破了脑壳，跪酸了膝盖，那里把正眼一觑。(《中国白话报》1904.21-24合期129)

"X"为词的还如：多、快、美、配、忙、闹、朴素、镇定、康健、快乐、洁净、舒服、谦恭、文明、佩服、缺乏、喜欢、盼望、抱歉、操心、吃亏。"X"为短语的还如：有罪、受罪、难说、难测、差得远、不通、不文明，其结构类型主要为状中类（难说、难测、不文明）与动宾类（有罪、受罪）。

(2) 从语法属性上，"X"只能为谓词性词语，包括形容词性短语与动词性词语。例如：

(9) 如今这篇议论，就是上礼拜商学会会员演说的稿子，承他们寄与我们登报，我看见实在佩服得很，所以附几句话在此，想你列位看看，也一定佩服了。(《中国白话报》1904 (9)：57)

(10) 前几天北城地面，驱逐上海曲班，雷厉风行，一时虾兵蟹将，手忙脚乱，大有走投无路的光景，那知这几天，依然如故，不过从这个客店搬到那个客店，徒然叫开店的多收几个房钱，这几天来迁安栈斌升店，热闹得狠，不一样是个客店么，何以竟分彼此？官场的虎头蛇尾，大概如此。(《京话日报》1904-10-09)

"X"为形容词性词语的如：多、大、好、长、重、紧、妙、高、快、广、热、强、弱、小、苦、可怜、可叹、可危、好笑、为难、聪明、富足、剧烈、有趣、野蛮、强旺、荒唐、自重、危急、奇妙、刁皮、烦躁、难过、拥挤、可怕、惭愧、伤心、着急、明白、可恶、柔软、霸气、难看、不肖、新奇、快乐、清淡、认真、重大、痛快、古怪、衰颓、凶悍、康健等。"X"为动词性词语的如：羡慕、感激、盼望、拘束、欢迎、上当、唠叨、吃亏、操心、逼近等。

(3) 从音节数量上，构式中的"X"以双音节最多，占55%；单音节次之，占44%；同时也出现了极少数多音节词语。例如：

(11) 话说平壤这座城池，是大得很的，由南到北有十余里路长，西南东三面都有大江围绕，北面紧靠着崇山，惟西北角上是一条大路，可以直达义州。(《杭州白话报》1902 (14)：37)

(12) 所探的事情，没有到手，倒把自己的行藏叫人家密探去了，岂不坏了大事，那能不惊，但是达威德尔这个时候，虽则心中七上八下，面子上却仍是镇定得很，一面假装看报，一面慢慢的盘算。(《京话日报》1904-08-22)

(13) 那种古文如今用不着他，什么班马什么韩柳一概都是王八旦狗屁不通的，害得我从前看他文章花了三四点钟工夫，一版还看不清楚,连句读都点不清,我们如今要力矫其弊哩,因就做了许多文章,真正奇离古怪得很,我白话道人,也拜读了他们许多文章,但因脑气不好,往往忘记。(《中国白话报》1904(8):3-4)

(4) 从语义特征方面,"X"带有程度义,尤其是形容词或表心理活动的动词。例如:

(14) 这学说两字若认真讲起来也<u>深远得很</u>,但古人的学问大半有用的,所以他的说话也很中听,如今拣那顶浅近的有味道的演出来,你们倘能够学着他,将来也好入圣庙了,再不然肚里头也可以多些东西,闲时对着朋友亲戚们谈谈也好。(《中国白话报》1903(1):6-7)

(15) 荷兰京城里的博物院主人见了,<u>羡慕得很</u>,出了三千块银钱,向吾父亲买了,陈列在院里,供大众观看,吾父亲在京城耽搁了一天,次日搭邮便船回家。(《少年》1911(7):1)

因而,构式"X得很"要求"X"绝大多数为双音节或单音节表示程度义的谓词,而体词性词语不能进入此构式,同时多音节的词语一般也不能进入。

三、"X得很"构式的句法功能

"X得很"构式从结构上属于中补短语,作谓语为其主要句法功能,少数可作宾语或补语。例如:

(16) 这时候的寒气是极匀的,离地也不很高,况是山渐而来,并非骤然冻结,所以水气要变成雪,或须一两天,或须一天半天,不是一下子便成的,冰雹的情形却<u>快得很</u>,这时候的天气,必是极暖。(《京话日报》1904-08-31)

(17) 从前有个意大利的人,他能够在玻璃里头抽出丝来,那丝也可以织纱布,也可以做汗衫,这都是<u>奇妙得很</u>。(《中国白话报》

1904.21-24 合期 229-230）

（18）大家笑吟吟的都到岸边来迎接，也有送路菜的，也有送盘缠的，不管你收不收，都堆下满船来了，黄帝也共他们说了几句客气的话语，马上顺着风势，一直把船驶到湖南洞庭湖里面泊住，带了兵马上岸去巡查异族，走不上几百里，抬头一看，有一座高山，那山势生得<u>危险得很</u>，问起在地的人民，众都道这山名做湘山。（《中国白话报》1903（3）：21）

例（16）中的"快得很"作"冰雹的情形"的谓语；例（17）的"奇妙得很"作述语"是"的宾语；例（18）中的"危险得很"作述语"生"的补语。因而，可以说，"X 得很"是一种谓词性构式，作谓语是其句法功能。

四、"X 得很"的构式义

每种构式皆有其构式义，不能从内部成员推测出来，即具有不可预测性。构式赋义即构式内部各构件组配的结果，也就是概念整合产生的"浮现意义"；而说话人基于对情景的识解会选择这样或那样的构式来表达，是因为每一特定构式具有特定的话语功能。❶ 为考察"X 得很"的构式义，我们将其与"很 X"构式进行比较，可发现两者的差异。例如：

（19）你们列位看了我前路所说的话，一定都道黄帝是姓黄的了。哈哈！不是，不是，我们这位黄帝姓做公孙，名做轩辕，后人因为他功劳实在<u>大得很</u>，大家都道我们住的土地岂不是轩辕爷爷给我的吗？（《中国白话报》1903-1-16）

（20）西瓦迭喜出望外，便把公司认真办理起来，于是往来欧美两洲的大商人，个个都托他运货，办了几年，公司中没有一个不利市三倍的，不料美国的商人看见这漕运的利权<u>很大</u>，也就处处效颦，人人学步，到处都立有轮船公司，抢夺他的生意。（《中国白话报》1904.21-24 合期 236）

---

❶ 吴为善．构式语法与汉语构式 [M]．上海：学林出版社，2016．

(21) 西藏就近着四川这一边,也是我们中国的地方,俄国既占了奉天,它的意思还想再占西藏,英国因为西藏地方着实<u>富足得很</u>,倘然得了西藏,将来就可以造一条铁路,一直通到四川。(《中国白话报》1903-1-23)

(22) 秘鲁国在南美洲的尽西边,同巴西交界,开辟此地,也是西班牙的力量,中国道光年间国人把西班牙的官一齐赶跑,自立民主,成了民主国、地土<u>很富足</u>,可惜民智不开,虽有许多的矿产,没去开采,农务也不讲究。光绪初年,同中国立约,招雇华工,前往开矿,都城叫里马。(《京话日报》1904-12-03)

我们认为,"X 得很"表示的程度义明显高于"很 X",理由有三:

第一,两种构式的句法表现有差异,前者常出现"十分、实在、真是、真正、着实"等程度副词,用以强化"X 得很"构式具有较高的程度义。如例(19)中"大得很"前出现"实在",例(21)中"富足得很"前出现"着实";而例(20)中"很大"、例(22)中"很富足"前未出现此类程度副词。

第二,构式的焦点表现有差异。"很 X"构式的焦点在"X"上,"X 得很"构式的焦点在"很"上,后者突显的程度义更强。

第三,一个范畴内部成员的不对称实际就是有标记项和无标记项的对立。❶ 其中表程度的"很"常用于状语的位置上,是无标记的,而处于补语的位置上不是基本用法,是有标记的,"很"前有程度补语的标志"得",这说明"X 得很"的程度义高于"很 X"。

因此,"X 得很"的构式义可概括为"说话者认为事物的性质具有较高的程度义",其程度高于"很 X"所表达的构式义。

五、"X 得很"构式的语体选择

语体与语法有着密切的关系,每一种语体的语法特征皆有差异。语体是

---

❶ 沈家煊. 不对称和标记论 [M]. 南昌:江西教育出版社,1999.

指在长期的语言使用过程中,因交际领域、交际方式、交际目的、交际对象的不同,而逐渐形成的具有相对稳定的一系列语言使用特点的综合体。❶ 考察发现,"X 得很"构式运用于口语语体中,用于陈述或对话语境中,从而突出了事物的性质具有较高程度义。例如:

(23)这位先生,他也曾在南京陆师学堂学过八个月的武备,那种尚武精神想来<u>强旺得很</u>,所以暂且在厨子身上发泄发泄,此时文光恐怕那姓郑的难为情,所以不便出来劝止。(《中国白话报》1904.21-24 合期 149)

(24)见后门有棵大树,正靠着墙,墙下有个阴沟,阿幺对钟承祖道,这个地方<u>好得很</u>,两个人心照不宣,欢天喜地的回到大街上,找了个小饭店,要了两壶酒,点了几碟现成菜,吃得个既醉且饱。(《京话日报》1904-11-6)

例(23)中用于强调"强旺"的较高程度义,例(24)中用于强调"好"的较高程度义。在语篇上,前后语句与"X 得很"构式有着解释或补充关系,例(23)中所说的"尚武精神想来强旺得很",前面分句已经作了介绍,即"他也曾在南京陆师学堂学过八个月的武备"。例(24)中"阿幺对钟承祖道"说明后面的成分为口语语体,这是"好得很"出现的语言环境。

上文运用构式语法理论对"X 得很"程度构式进行了多角度的考察,此构式的变体、内部构件、句法功能、构式义及语体选择等方面表现出多种特征。我们认为,运用构式语法理论深入考察清末民初的语言面貌,会对此阶段的语法构式系统有更全面的认识,也有助于了解现代汉语语法构式形成的过程。

---

❶ 黎运汉,盛永生. 汉语修辞学 [M]. 广州:广东教育出版社,2006.

第三节 "X得了不得" 构式

在白话报刊中出现了一些"X得了不得"的构式。如：

(1) 陕西西安地方，旧年，皇太后、皇上初到那边时候，金银珠宝大半是董福祥带的甘军（是甘肃省的兵）从北京抢掳带回，多得很，所以价钱<u>贱得了不得</u>。(《杭州白话报》1901（2）：1)

(2) 他有一位门生，人很明白，留心时务，常常买些地图合那翻译出的外国书看，这个风声传到那老头子耳朵里去，就<u>生气得了不得</u>，把这门生叫了去，大加申斥说道："我听见你喜欢看外国书，那书都是造谣言的。"(《中国白话报》1903（2）：9)

我们对"X得了不得"构式进行语法、语义、语用等方面的研究，试图发掘这一构式的特点。

一、"X得了不得" 构式的语法特点

(一) 构式中 "X" 的词性

考察发现，出现在"X得了不得"构式中的"X"绝大多数为形容词，个别为动词。例如：

(3) 南部为南岭以南之地，珠江在焉，这珠江也叫西江，又称为西江流域，土地也很好，人民也很聪明，近来<u>发达得了不得</u>。(《中国白话报》1903（2）：19)

(4) 原来县官本没有要重办何勿用的心思，因为差吏报事时候牵涉洋人，说是何勿用仇害洋教，谋事不轨，知县<u>怕得了不得</u>，才连夜拿人到案。(《杭州白话报》1903（10）：48)

出现在该构式中的形容词还如"多、慌、乱、好、贵、热闹、痛苦、巧妙、欢喜、阔绰、穷苦、怨恨、诧异、快活、生气、和气"等。

(二) 构式的语法功能

考察发现,"X 得了不得"构式绝大多数作谓语,个别为宾语。例如:

(5) 那些年代,能够守住这一块土的就是郑成功,这个人可不算空前绝后的大英雄么?中国排外大英雄,<u>多得了不得</u>,秦朝有个蒙恬,汉朝有个卫青霍去病。(《中国白话报》1904(20):7)

(6) 他说道看犬羊等畜生,就可以晓得他没有学辟、没有智识,像打雷的时候,畜生都是<u>吓得了不得</u>,日蚀的时候,牛羊都奔回窠内。(《安徽俗话报》1904(11):37)

例(5)中"多得了不得"作谓语,例(6)中"吓得了不得"作宾语。

二、"X 得了不得"构式的语义特点

考察发现,这一构式表示"达到较高的程度"的语义特点。例如:

(7) 半月以来,各报登各省的乱信,不一而足,江西乐平的事固算是已经定了,即如广西自柳州之匪败后,就是怀集土匪的蠢动,官兵与匪打仗,颇为失利,广东邻近各县俱已<u>慌得了不得</u>。(《安徽俗话报》1904(14):8)

(8) 因为他每请茶会,必要请我们使馆人员,所以我这里还收着他好些请帖,做个记念,并且三年前,我同他到阿马贺赴会,又在锡家谷赴宴,都是同在一桌上吃饭,<u>和气得了不得</u>。(《京话报》1903(2):11)

例(7)中"慌得了不得"表示"慌的程度较高",例(8)中"和气得了不得"表示"和气的程度较高"。

三、"X 得了不得"构式的语用特点

考察发现,这一构式出现在口语语体中,体现出鲜明的口语色彩。例如:

(9)我想你们列位看见我前期所讲的那养蚕法,你们都<u>欢喜得了不得</u>,我所以这一期赶快把这最要紧的获利法子告诉你们,好叫你们稳稳当当大发财了。(《中国白话报》1903(2):33)

(10)从前一片爱国心肠也不知不觉冷淡下来,自然永远肯受德国人的管束。看官,这个计策,也算<u>巧妙得了不得</u>,那里晓得波兰人也明白德人要波兰人学习德语,不存好心。(《杭州白话报》1902(28):20)

以上两例都体现出口语语体的色彩,例(9)中出现了话语标记的"我想",例(10)中出现了"看官"这一口语词。

总之,"X 得了不得"构式中的"X"绝大多数为形容词,绝大多数作谓语,这一构式表示"达到较高的程度"的语义特点,多出现在口语语体中。

第四章
清末民初重叠构式

在清末民初白话报刊中，重叠构式较为代表性，可按照不同的标准进行分类。依据重叠的结构类型可分为 AA 式、AABB 式、ABAB 式等；依据重叠的词性可分为名词、动词、形容词、副词、拟声词、量词、叹词等。下文我们分别考察 AA 式、AABB 式、ABAB 式三种类型。

第一节 AA 式考察

一、AA 式的词性考察

考察发现，AA 式从词性上可分为动词、形容词、名词、副词、拟声词、量词及叹词。分别举例如下：

（1）诸位<u>想想</u>，孔子伯鱼是不是这样拘泥的人，还有一层，铁路电线火轮船，虽然是极快的，我想诸位，一定不能够<u>天天</u>去打电报、坐火车、坐轮船打听外头的信息。(《杭州白话报》1901（1）：1)

（2）我们开一孔教会，传教岂不亦有味，洋人知道孔教广，明白的人也把四书看，看来不到三十载，定然把教<u>全然</u>改，如今却要<u>缓缓</u>行。(《杭州白话报》1901（1）：2)

(3) 譬如那种田的人，肥料要他改良，播种培养之法也要他改良，时时注意，刻刻留心，便得着一个好好的结果，便是那顶小虫类，以及一草一木，都是这个样儿。(《杭州白话报》1902 第二卷 (25)：14)

(4) 下次落雨，依旧是漏，还有那耗子，杭州人唤老鼠，在夹壁里做窠，年深日久，根深蒂固，莫想动得他分毫，常常要出来咬书咬衣服，害人不浅。(《杭州白话报》1901 (8)：1)

(5) 他来打抱不平的，莫非还是他不是，真是没有天日了！这时人多嘴杂，声势汹汹，那旗官慌了手脚，也不知应该怎么样才好。(《杭州白话报》1903 (5)：20)

(6) 论今日最重要的两种教育，黄海锋郎，列位请看那西方欧美，政治学术，商兵工艺，种种事业，可不是个花团锦簇、月异日新的么？但是怎么能够到这般轰轰烈烈的地步呢？(《杭州白话报》1902 第二卷 (9)：1)

(7) 望东看完，那股爱过心肠不觉的蓬蓬勃勃、感动起来，那侠烈的性情更加多一番猛力了。呵呵！英雄造势时，时势亦造英雄。(《杭州白话报》1902 第二卷 (1)：2)

我们对各种词性出现的词例、频次等方面进行统计分析，见表4-1：

表 4-1 清末民初 AA 重叠式的词类

词类	词例	频次	频次所占比例	例词
动词	58	2476	24.09%	想想
形容词	25	2263	22.02%	缓缓
名词	15	2014	19.59%	时时
副词	12	1751	17.03%	常常
量词	8	1053	10.24%	汹汹
叹词	3	560	5.45%	种种
拟声词	12	162	1.58%	呵呵

从表 4-1 中我们可以看出，动词的 AA 式数量最多，下文我们重点考察这种类型。

二、动词的 AA 式的考察

考察发现，能重叠的动词须为动作动词，非动作动词不能重叠。例如：

（8）如今这件事，也算是将就了结了，倒是众位弟兄，难得都在此地，不如大家谈谈吧。（《杭州白话报》1903（5）：22）

（9）我们今天对你说了些没有味道的话，料想你大家都是不耐烦，都想道外国人来呢，我们只管把门关起来，在家里躲躲。（《中国白话报》1903（2）：77）

例（8）中的"谈"与例（9）中的"躲"均为动作动词，类似的动词还如"想、看、说、找、问、查、唱、救、表、听、骗、争、吃、散、抱、评、写、算、探、讲、喝、望、广、翻、试、开、学、醒、办、拍、走、改、打、劝、念、穿、平、抬、睁、做、帮、收、猜、喊、出、叉、登、应、凑、见、用、对、比"等。

关于动词重叠的语法意义，它们能表示动作多次反复，表示时量短或动量少。例如：

（10）又如孔子回去看看父母，是由水路坐轮船，还是由旱路坐火车去呢？（《杭州白话报》1901（1）：1）

（11）告白价目，各宝号老板先生们，若有什么新鲜的货色，或是什么新出的书，要来登登告白，好招览外头生意。（《中国白话报》1903（1）：13）

（12）我猛记得前回的冒险事，所以见了他，就像见了自己的产业一般，非凡的有兴，对准了树根，蠹的一弹，把这枝树从鹿头上移了下来，即呼朋友们来，大家尝尝新，形色又红又大，味道又鲜又甜，真是生平所从未领略过的。（《少年》1911（5）：12）

除了上述例子外，常出现的动词有"想、听、劝、说"等，这些都是常用的动作动词。

第二节　AABB 式考察

一、AABB 式的词性考察

考察发现，AABB 式从词性上可分为动词和形容词两类，其中以形容词为主。例如：

（1）列位，这个道理，我们中国，不大有人懂得，你看路上那<u>来来往往</u>的行人，算起来却都是我们同胞的兄弟。（《杭州白话报》1901（15）：1）

（2）我们这几位种田的、做手艺的、做买卖的以及那当兵的兄弟们又因为着从小苦得很，没有本钱读书，一天到晚在外跑，干的各种<u>实实在在</u>、<u>正正当当</u>的事业，所以见了那种之乎者也诗云子曰，也不大喜欢去看他。（《中国白话报》1903（1）：2）

动词的 AABB 式还如"颠颠倒倒、哭哭啼啼、哭哭泣泣、摇摇摆摆、唠唠叨叨、想想念念、奔奔茫茫、飘飘荡荡、悠悠荡荡、遮遮掩掩、扭扭捏捏、伸伸缩缩、耽耽搁搁"等。形容词的 AABB 式还如"明明白白、糊糊涂涂、干干净净、和和气气、冷冷淡淡、端端正正、模模糊糊、清清静静、快快活活、紧紧张张、平平坦坦、蓬蓬勃勃、容容易易、弯弯曲曲"等。

二、形容词的 AABB 式的考察

1. 可重叠形容词的条件

考察发现，能进入 AABB 式的形容词具有可控性的语义特征，并且具有褒义色彩的形容词重叠的多于贬义色彩的形容词，二者的比例呈现为 5∶1。

例如：

（3）列位看那归教的人，内中也有<u>端端正正</u>，并不欺害善良的，那种闹事的人，平常原不安分，就是他不归教，也是吃不得惹不得着的。（《杭州白话报》1901（5）：8）

（4）倘使他一旦弄了弊，我们便撵他去，把一切的权收回来，再拣一个<u>公公正正</u>的人办事，这还有什么客气呢？（《中国白话报》1903（1）：9）

（5）由南唐李后主起，到今儿<u>昏昏沈沈</u>、<u>凄凄凉凉</u>，已把这班女子受毒了一千数百多年了，我睁起了两眼一瞧，只见我们中国的女人，面黄肌瘦，一身多是病，行动好为难。（《杭州白话报》1902第二卷（5）：1）

具有褒义色彩的重叠式还如"和和气气、仔仔细细、勤勤恳恳、平平安安、爽爽快快、详详细细、整整齐齐、实实在在、牢牢固固、大大方方、切切实实、高高兴兴、认认真真"等。具有贬义色彩的重叠式还如"疑疑惑惑、龌龌龊龊、昏昏庸庸、散散漫漫、寥寥草草、纷纷乱乱、空空洞洞"等。

2. AABB式的语法意义

朱景松（2003）提出形容词重叠式的语法意义可以归结为三点：①表示某种状态；②表示适度的、足够的量；③激发主体显现状态的能动性。❶ 考察发现，白话报刊中的AABB式也具有以上的语法意义。例如：

（6）地方的团体，各人都晓得去联络，人人都有精神，人人都有力量，人人都有知识，能够把自己的国土守得<u>牢牢固固</u>，能够把国内的政事弄得<u>完完全全</u>，这便不愧为一国之民了。（《中国白话报》1904（5）：4）

（7）其次的举人进士也<u>稳稳当当</u>，定然博得个翎顶辉煌、林梢挂夕阳，还有一个教习将全班学生引到体操场，排队儿站着。（《杭

---

❶ 朱景松. 形容词重叠式的语法意义[J]. 语文研究，2003（3）：9.

州白话报》1902第二卷（1）：2）

（8）天主教里人，知道这会的势力大了，恐怕将来出了什么造反的事情，并且眼看那一般志士，<u>蓬蓬勃勃</u>，讲究新法，天主教监督心中暗暗想道"不好了"。（《杭州白话报》1901（17）：4）

例（6）中"牢牢固固"表示较为牢固的状态，例（7）中"稳稳当当"表示适度、足够的稳当，例（8）中"蓬蓬勃勃"激发主体显现状态的能动性。

3. AABB式的语法功能

考察发现，AABB式充当的句法成分按数量多少排列依次为谓语、定语、状语、补语，不能作主语和宾语。例如：

（9）你劝他眼光放得大，胸襟放得开，不要<u>琐琐碎碎</u>，专在柴米油盐上做功夫，他说女流之辈，只应当如此，以外的事，管他什么。（《杭州白话报》1901（20）：2）

（10）莫说是无治的愚民要吃素念佛磕头，便是那红顶花翎的老抚台，也要派一个委员去拈香求福，生日快近了，便有许多男的女的老的小的俏的蠢的，都穿了<u>簇簇新新</u>、<u>奇奇怪怪</u>的衣服。（《杭州白话报》1902第二卷（2）：1）

（11）我不是说讼事不好，实在我们中国判讼法子最不讲究，不像那西洋各国小百姓一有讼事，便<u>公公平平</u>的判断，你们可晓得？（《杭州白话报》1902（33）：55）

（12）能把本体放大，看得清清楚楚，一是远镜，无论极远的物体，如同日月等类，都能把本体缩近，看得<u>明明白白</u>。（《杭州白话报》1902（30）：27）

例（9）中"琐琐碎碎"作谓语；例（10）中"簇簇新新、奇奇怪怪"作定语；例（11）中"公公平平"作状语；例（12）中"明明白白"作补语。

第三节　ABAB 式考察

一、ABAB 式的词性

考察发现，ABAB 式在词性上为动词，共发现 107 例。例如：

(1) 种种的字，写了方块，背面画些图样，把那孩子妈、妇女们<u>认识认识</u>，识得多了，便把这种白话报把他看看，自然心里都能明白。(《杭州白话报》1901（2）：2)

(2) 据说黎沙路临刑时候，从容得很，叫他跪下，他不肯跪，挺着肚皮，受那炮弹，列位，你也该<u>称赞称赞</u>这黎沙路的英雄吗？(《杭州白话报》1901（18）：7)

二、ABAB 式的双音动词

经过考察，我们发现双音动词的结构以并列式为主导，占 96%。另外，还有补充式、动宾式和兼语式。例如：

(3) 列位且慢，待我把"太平"两个字的解说约略申说一番，再把我们做中国百姓的实在情形，略在列位面前申诉一二，那时列位听了，再拿些话来<u>批驳批驳</u>，也还未迟哩。(《杭州白话报》1902 第二卷（30）：1)

(4) 这时候要与各国争强，只好叫你们奉回教的人奉得实在一点，然后再把教务<u>推广推广</u>，他们各国起他们教堂，你们土耳其也起你的教堂，总归能够真心奉着自己的教，那别国的教自然渐渐的衰败下来。(《杭州白话报》1901（12）：3)

(5) 到下大雨的时候，泥水直往屋子里流，修马路原为便民，这样办法岂不害了人么？请修路的总办，<u>留心留心</u>。(《京话日报》

1904-08-22)

（6）今晚所说的甚为粗略，不足供诸君一听，过了几时，我还要详详细细将我游历时的见闻和各国初级教育贫民教育的办法，写出来，请教请教。（《少年》1911（3）：16）

例（1）中的"批驳"属于并列式，类似的还如"查考、填补、裁剪、删除、叙述、防备"等；例（2）中的"推广"中为补充式，类似的还如"扩充"；例（3）中的"留心"属于动宾式；例（4）中的"请教"为兼语式。

三、ABAB式的语法功能

考察发现，ABAB式充当的句法成分是谓语。例如：

（7）后来柴价贵了，自己又买不起，只得在左近的烧砖窑或是玻璃窑试验试验，过了数年，依然是枉费工夫，看不出一点儿功效。（《杭州白话报》1902第二卷（1）：2）

（8）有的说，添了一省，外人也要筹划筹划，难免不增出许多交涉来。（《京话日报》1905-03-09）

第五章
清末民初同素异序构式

我们采用"同素异序构式"这一术语,它具有三个关键词,"同素""异序""构式"。首先,"同素"指的是构成语素相同,具体指语素的语音相同、语义相同或有明显的联系。其次,"AB/BA"形式差异为异序。再次,"AB/BA"这种语言现象在上古、中古、近代以及现代汉语时期都存在。刘叔新指出,"倒序型"的改造法远比换素型的应用得广泛,而且有久远得多的历史[1]。简言之,由相同语素构成的可异序的构式即为同素异序构式。当然,同素异序构式的形成有限制条件的,不是任何要素异序后都能形成此种构式。构式语法理论认为,构式是形式与意义的匹配(a paring of form and meaning),那么同素异序构式也可以理解为形式和意义的匹配,形式指 AB 与 BA 的异序;意义指 AB 与 BA 的相同、相近或相关,AB 与 BA 即可形成同素异序构式。使用"同素异序构式"这一术语的原因有两点:一是用来称呼"AB/BA"两个结构的异序形式,并且探究清末民初同素异序构式的产生、发展、存留与消亡之规律。因此,从此角度而言,由"AB/BA"两个结构异序而形成的形式称为"同素异序构式"是恰当的。二是同素异序现象在清末民初这一时期出现较为复杂多样,需要采用新的理论视角进行研究。而本书即借鉴了构式语法的理论,立足构式视角分析清末民初同素异序现象。吕叔湘先生曾说:"怎样用有限的格式去说明繁简多方、变化无尽的语句,这应该是语法

---

[1] 刘叔新. 汉语描写词汇学(重排本)[M]. 北京:商务印书馆,2005:107-108.

分析的最终目的，也应该是对于学习的人更为有用的工具。"❶ 同时，运用构式语法理论对词法构式进行研究，可拓宽构式语法的研究思路。

第一节 同素异序构式的语法考察

"三个平面"的语法理论是20世纪80年代汉语学界产生的语法学派，朱德熙（1985）指出，进行语法分析，一定要分清结构、语义和表达三个不同的平面。❷ 胡裕树、范晓（1985）强调，在语法研究中注意到区别三个不同的平面，即句法平面、语义平面和语用平面，这是语法研究方法上的新进展，有助于语法学科的精密化、系统化和实用化。❸ 其内涵是语法研究中注重"句法""语义""语用"的三维视角。

我们认为，对清末民初同素异序构式的考察可以采用"三个平面"的语法理论。因而，我们在同素异序构式考察中全面地、系统地进行语法分析、语义分析和语用分析，力图发掘清末民初同素异序构式的共时面貌。我们建立了清末民初同素异序构式库，共1202组，对清末民初同素异序构式的结构类型、AB与BA以及构式中A与B的语法性质进行考察。

一、同素异序构式的结构类型

（一）"并列式+并列式"

"并列式+并列式"同素异序构式共905组，占所有同素异序构式的75%，这说明清末民初同素异序构式以并列式为主。我们分别从双音节同素异序构式和四音节同素异序构式两个层面进行阐释。

双音节同素异序构式中"并列式+并列式"共738组，它是由两个意义相同、相近、相对或相反的语素构成。例如：

---

❶ 吕叔湘. 汉语语法分析问题［M］. 北京：商务印书馆，1979：91.
❷ 朱德熙. 语法答问［M］. 北京：商务印书馆，1985：37.
❸ 胡裕树，范晓. 试论语法研究的三个平面［J］. 新疆师范大学学报（社会科学版），1985（2）.

第五章 清末民初同素异序构式

(1a)（问）现在那几处是红种。（答）在南北美洲，未开辟以前，所<u>居住</u>的土人，都是红种。(《京话报》1903（6）：17)

(1b) 因此人生在世界上，除了吃饭着衣之外，要算这<u>住居</u>最要紧了，但是这住居的合法不合法，关系一家的好歹不小。(《杭州白话报》1902（33）：45)

(2a) 衣服要薄，居室要暖，这是一定不移的规则，否则肌肤脆弱，而且要生肿物。小儿浴后，衣服必须更换，但必须屡次<u>洗濯</u>清洁的。(《杭州白话报》1902（17）：7)

(2b) 诸君，想主战之时，何等勇猛，绝不料有今日之求和，此耻虽西江水，不能<u>濯洗</u>，今驻兵一条，万不可允。(《安徽俗话报》1904（13）：33)

(3a) 我美国百姓，见他这等举动，一定要气烘烘恨他，到了大家咬牙切齿的时候，我们借他一股怨气，去攻打<u>士兵</u>，这便容易收功了。(《杭州白话报》1901（6）：6)

(3b) 因此全部拿地方的百姓，见着猫儿，都当他是孟拔斯兰，对他都要脱帽，<u>兵士</u>们碰见猫儿，都要捧着枪行极大的军礼。(《少年》1911（9）：2)

(4a) 主仆二人次早往茌平进发，走不多时，顿觉与前数日所见的情形大异，一路都有兵勇<u>迎送</u>，一站一站的交代，而且饭食亦觉周全。(《绣像小说》1903（10）：3)

(4b) 只见一个轻骑兵，赍带着公文，乃是将会走入旅馆之内。不多一刻，旅馆中忽地热闹喧哗起来，接着好几多骑兵士官，不断<u>送迎</u>来往。(《绣像小说》1906（72）：1)

上述例子中"居住/住居"中"居"与"住"的语素义相同，《字汇·人部》："住，居也。"两者都有"居住"之意；"洗濯/濯洗"中"洗"与"濯"的语素义相近，前者指用水或其他溶剂涤除附着在物体上面的污垢，后者指洗涤；"士兵/兵士"中"士"与"兵"的语素义相近；"迎送/送迎"中"迎"与"送"的语素义相反。

四音节同素异序构式中"并列式+并列式"共167组,占所有四音节同素异序构式的89%。这种结构类型还可细分为以下类型:

第一类,动宾并列类。

（5a）翁姑遗下多少产业,无从去问,只得忍气吞声跟着阿嫂去做,有时还要看阿嫂脸嘴,俗语说"长兄为父,长嫂为母",真正难做人。(《杭州白话报》1901（22）：3)

（5b）文焕此时那里还敢喷声,只好吞声忍气的两只手将一顶绿头巾向自家头上套住,看官,这便是卖国偷生的下场了。(《新小说》1903（158）：3)

（6a）我想着知己知彼百战百胜的两句俗语,不说用兵的胜败,却在商务上说了许多,可不是闲话么。(《杭州白话报》1902（2）：4)

（6b）大凡为人处世,须要知彼知己。(《新小说》1905（175）：4)

类似的同素异序构式再如：咬牙切齿/切齿咬牙、如狼如虎/如虎如狼、贪生怕死/怕死贪生、惊心吊胆/吊胆惊心、有识有胆/有胆有识、假公济私/济私假公、为非作歹/作歹为非、惊天动地/动地惊天、报仇雪耻/雪耻报仇。

第二类,定中并列类。

（7a）想他已有些儿到手了,却没介意照旧,从前到后详看一遍,蛛丝马迹得着不少。(《小说画报》1917（12）：42)

（7b）谁知事有不然,他那位世兄去后却又搅出一件风波,直压倒他老头子头上来了,正是"弓杯蛇影浑难免,马迹蛛丝却易寻"。(《小说画报》1917（11）：111)

（8a）将来意大利人,在四府的势力,推广起来,岂不是福建、江西、安徽三省,大要受害么？滴滴归源,那罪魁祸首不是高子衡是什么人？《杭州白话报》1902（27）：1)

（8b）你倒从容,说这不要紧的顽话,他们闹到这般田地,祸首罪魁都是由你而起,只怕众学生闹到你这卧室里来,你招架不住哩。(《绣像小说》1905（65）：4)

类似的同素异序构式再如：铜墙铁壁/铁壁铜墙、落花流水/流水落花、千山万水/万水千山、皇天后土/后土皇天、咫尺天涯/天涯咫尺、良辰美景/美景良辰、狐群狗党/狗党狐群、赤手空拳/空拳赤手、痛心疾首/疾首痛心、飞禽走兽/走兽飞禽、微言大义/大义微言。

第三类，主谓并列类。

(9a) 你看戊戌以来，荣禄、刚毅、毓贤、启秀、载漪（就是端王）闹得天翻地覆，害我们汉人死了几千万，兵费赔了四百五十兆，这一起的人都是满洲贵族，一个个揽了大权，见人便噬。(《中国白话报》1904（6）：21)

(9b) 一霎时，直打得地覆天翻，中国兵，一个个，不堪任战，可怜他，齐丧在，波涛之间。(《第一晋话报》1906（4）：55)

(10a) 听说一声俄兵临，只吓得胆战心惊，兵不强来将不勇。(《中国白话报》1904（20）：52)

(10b) 瞧见一个大人，从对面田里走来，好像要过这个阶级去的样子，我瞧了心惊胆战，急的没有法儿。(《绣像小说》1903（15）：30)

(11a) 会记得我们中国有个山，名字叫旺夫山，山上有块石头，叫作旺夫石，相传说是从前有夫妇俩人，夫唱妇随，甚是和气。(《敝帚千金》1905（2）：36)

(11b) 四面全种竹子，以便夏天可以乘凉，须知成竹早存心，贤夫妇，便乃相辞戚友们，挈女携男乡下去，妇随夫唱乐光阴。(《绣像小说》1903（6）：1)

类似的同素异序构式再如：鬼使神差/神差鬼使、根深蒂固/蒂固根深、面红耳赤/耳红面赤、魂飞魄散/魄散魂飞、山穷水尽/水尽山穷、自尊自大/自大自尊、风平浪静/浪静风平、自利自私/自私自利、海枯石烂/石烂海枯、花红柳绿/柳绿花红、瓦解冰消/冰消瓦解。

第四类，一般并列类。

一般并列类，指前后两个双音词组成的同素异序构式。如：

(12a) 又有说拳匪的本事，真是<u>神通广大</u>，不但枪炮不受，而且还有红灯照的奇术，只用一班十几岁的姑娘，念起符咒，放起红灯在半天中，那外国的兵船就都被火烧毁。(《杭州白话报》1901 (8)：15)

(12b) 公门中人，三头六臂，<u>广大神通</u>，真令人无从捉摸。(《新小说》1905 (81)：1)

类似的同素异序构式再如：奔走号呼/号呼奔走、荣华富贵/富贵荣华、儒雅风流/风流儒雅、吉凶祸福/祸福吉凶。

第五类，四项并列类。

(13a) 野牛野牛真可惜，你们大家有事齐出力，伤了一只，大家向前，这是你们像，好的根性，出于天然，任他<u>豺狼虎豹</u>万万千，刀枪剑戟围四边，牛角一触无不穿，只惜老牛无端失足死。(《安徽俗话报》1904 (12)：32)

(13b) 今年钱粮，每两加一百文，并且不准丝毫拖欠，那一班催钱粮的差役，越发如<u>虎豹豺狼</u>，非常凶狠。(《杭州白话报》1902 (31)：3)

类似的同素异序构式再如：笔墨纸砚/纸墨笔砚、牛鬼蛇神/蛇神牛鬼。

第六类，状中并列类。

(14a) 说到此，那眼泪不觉的丢了下来，高丽人也是<u>长吁短叹</u>，真是俗语说的不错"同病相怜"，高丽和中国的病态，原是一般，莫怪他彼此谈论，要格外伤心呢？(《杭州白话报》1901 (1)：3)

(14b) 内中有一封是樊城襄阳已经失守了，欲还有一封又是鄂州张世杰的报捷文书，说甚么俘获千人，夺得战马百匹、战船五十号，似道未及听完，只急得跺脚道"罢了罢了"。一时间攒眉皱目，<u>短叹长吁</u>，半句话也说不出。(《新小说》1903 (157)：9)

类似的同素异序构式再如：日新月异/月异日新、同病相怜/相怜同病、独来独往/独往独来、难解难分/难分难解、冷嘲热骂/热骂冷嘲、冰清玉洁/玉洁冰清。

第七类，重叠并列类。

(16a) 那俄国当这时候，正是<u>轰轰烈烈</u>，似狼如虎，恨不得即日可以把土耳其全国吞在肚里。(《杭州白话报》1901（14）：8)

(16b) 看了我这种白话报的人，慢慢的聪明起来，我们做报的人也算不枉费了心思，便是中国<u>烈烈轰轰</u>的日子也可盼望了。(《智群白话报》1903（1）：2)

(17a) 话犹未了，只见何达安达先两个，<u>跟跟跄跄</u>走了出来，达安不由分说，走到贵兴跟前兜胸一把扭住。(《新小说》1905（56）：1)

(17b) 陈道斯问道："烧着那一处呢？"这农夫<u>跄跄跟跟</u>答非所问，说道："房子院子，都烧着了。"(《新小说》1903（77）：1)

类似的同素异序构式再如：得意洋洋/洋洋得意、朝朝暮暮/暮暮朝朝、冷冷清清/清清冷冷、战战兢兢/兢兢战战、昏昏沉沉/沉沉昏昏、滔滔滚滚/滚滚滔滔、浑浑噩噩/噩噩浑浑、安安稳稳/稳稳安安。

(二) "偏正式+偏正式"

此类同素异序构式共87组，全部为双音节，占所有同素异序构式的7%。例如：

(18a) 看官，你看<u>东亚</u>这么个好地方，他国君和民竟不懂得未雨绸缪，断送在异种人的手里，你道可惜不可惜哩。(《第一晋话报》1906（6）：17)

(18b) 我捧出了心肝，喊破了喉咙，总愿我全部的国民融合了四万万的精神，造出个庄严国土耀<u>亚东</u>。(《杭州白话报》1902

(7)：1)

(19a) 有一天，这人在家接着宰相送来的一本书，拿出来一看，一个字也没有，却夹一张五百块钱的票子，当时拿着就用，第二天，宰相见了这人问道，昨日一本书，你可曾收到。(《京话报》1903 (4)：8)

(19b) 日昨奉天将军增祺来了一个急电，打到外务部，据说日军在复州地方已经设立了民政厅，收管地方各事，实在与中国的主权大有妨碍，速请照会驻京日本公使设法阻止，仍由中国自行收管。(《京话日报》1904 (9)：15)

(20a) 咳！你们的话多么糊涂！比喻说人家拿着六轮小手枪，紧对着你的心坎，拿着又光又亮的刀子，切近着你的脖梗儿，你还是呼呼的睡着一些不醒，半夜里随便说几句梦话，你说可怕不可怕？(《海城白话演说报》1906 (1)：1)

(20b) 各级大官，名虽主持要政，其实一事不理，随听什么事情只用一纸空文，批个"仰某县办理"便算尽了作长官的职务。此外还有虚文伺候，多方应酬，一人的精神有限，一日的光阴不多，晚堂提审，夜半定谳敷衍草率，势所难免，何怪千百个官吏选不出一二个青天徽号的啦！(《吉林通俗教育讲演稿范本》1917 (12)：25)

(21a) 苏报上讲，近来官场风气都以敷衍了事，江西省为尤甚，如德馨、张绍华做抚台的时候卖差卖缺都有一定价目，李兴锐到任后，设课吏馆，改军制，整顿官场旧习，严厉得很，在那儿做官的很不愿他久任。(《杭州白话报》1902 (11)：2)

(21b) 售报目价表：全年廿四本，半年十二本，每本零卖，大钱一千文，大钱五百文，大钱五十文。(《安徽俗话报》1904 (9)：1)

类似的同素异序构式还有"客人/人客、弹药/药弹、质料/料质、内心/心内"等。

同时，我们发现"偏正+偏正"式同素异序构式均为"定中+定中"类，没有"状中+状中"类。可以运用认知语言学的"焦点/背景（Figure/

Ground)"理论解释成立动因,伦纳德·泰尔米(Leonard Talmy)在《走进认知语义学》中提出:"焦点是一个移动的或概念上可移动的实体,它的路径、位置或方向被认为是一个变量,相关的问题就是这个变量的具体的值;背景是一个参照实体,它有一个相对于参照框架静止的场景,焦点的位置、路径和方向可以通过这个参照框架来描述。"❶ 基于"焦点/背景"理论,偏正式中"偏"的部分为背景,"正"的部分为焦点。如"东亚"与"亚东"在《汉语大辞典》都解释为"亚洲的东部","亚东"应为偏正式,其中"东"为结构和语义中心,应为焦点;而"东亚"也应为偏正式,"亚"作为焦点,其认知凸显度高且位置固定,是语义和结构的中心;而"东"此时成为背景,因此"东亚"为偏正式。因而,人们观察事物的角度和注意的焦点不同是造成双序均为偏正式同素异序构式的认知动因。

(三)"主谓式+动宾式"

此类共50组,其中双音节同素异序构式43组,例如:

(22a) 海外三山不可寻,中原鹿已去駸駸。秋风秋雨春申浦,肠断年年一送君。(《安徽白话报》1909(6):59)

(22b) 天哪,天哪!汝晓得,皇爷避驾何模样,说起铁石人心也断肠。(《杭州白话报》1901(7):2)

(23a) 从开国到如今,三百年光景,已经是一家人了,还要如此的分别吗?叫我们不排满的汉人看着,觉得有点儿心寒。(《京话日报》1905(3):18)

(23b) 诸君必然说我的话太惨,可知道今日洋人开矿地方的民,就是他日炮烟弹雨底下的鬼么?看到这里,我们山西的人更可以寒心了。(《第一晋话报》1906(4):8)

(24a) 你若将箱子做得太小,那空气便不够吃了,呼吸就有些不顺,譬如把我们关在一个木箱里面,把箱盖紧紧盖住,你就气喘

---

❶ Leonard Talmy. Toward a Cognitive Semantics. Volume I; Concept Structuring Systems [M]. Cambridge, MA: MIT Press, 2000: 312.

难过起来。(《中国白话报》1903（4）：26)

（24b）我扒到板上，曲着身子，不敢动弹，喘气才定，忽听得隔壁，我弟哀求声音，又有拿刀砍击的声音，一连三击，便不响了。(《中国白话报》1904（20）：29)

（25a）唉，中国死守着旧法，不肯改变，以致民穷财尽，纷纷跑到海外去，替别人做牛做马，也算是可怜极了，那知做牛做马，还是千难万难，眼睁睁望不到。唉，演报的人，不觉一阵心酸，几乎要哭出来了。列位看官，你道伤心不伤心？(《杭州白话报》1901（8）：1)

（25b）哎，我恐怕他们不是活活的饿死在桥梁上、凉亭中，也只有做一生世的乞丐、流氓青皮罢了，所以我看见这些子女，不觉惨目，我想起这些子女，不觉酸心，这都是眼前的因果，日后的效验，列位难道有不以为然的吗？(《杭州白话报》1902（33）：37)

（26a）如今听了姊姊们一番说话，真是茅塞顿开，异常清朗。(《杭州白话报》1903（12）：58)

（26b）那人听了，便恍然大悟道，辱承教言，顿开茅塞，适才无理，敬求鉴原。(《绣像小说》1905（52）：33)

（27a）只要李家把那田的水源断了，那时一文不值，不怕他不卖。只这一句话，气的云岫脸上青一阵红一阵，半句话也没有。(《新小说》1905（54）：7)

（27b）那泥塑木雕只好吓吓智慧未开的愚人，老朽无能的俗吏，自今以往，事事悉凭实验，一切纸糊的老虎，将尽被人戳破，不值一文。(《绣像小说》1905（52）：28)

"主谓式+动宾式"的双音节同素异序构式再如"心焦/焦心、心醉/醉心、心惊/惊心、心痛/痛心、心伤/伤心、心灰/灰心、心安/安心、心动/动心、心甘/甘心、心静/静心、心疑/疑心、心专/专心、心多/多心、神伤/伤神、目眩/眩目、气闷/闷气"等。其中"心"类词较多，与人的心理有关。

"主谓式+动宾式"的四音节同素异序构式再如：生灵涂炭/涂炭生灵、狂澜力挽/力挽狂澜、萍水相逢/相逢萍水。这些同素异序构式的存在与汉语中"主谓式"与"动宾式"构词法的转化密切相关，从语法角度而言，主谓式的双音节合成词和四音节成语异序后可成为动宾式，不过其成立与否，还受到语义的制约和影响。

(四)"主谓式+偏正式"

(28a) 他的体力，便渐渐的充长起来，如果随便任意或到深夜，还不使他安卧，他的脑子便乱，就是体力也受害了，所以婴儿睡在那儿的时候，切不可惊动他。(《杭州白话报》1902（16）：5)

(28b) 即日备了三艘大驳船起运回村，先期由黄总强在南江码头左近租赁五椽屋宇一座，军火到时恰在夜深，起到岸上，是时农工两党人多手快，不过三点钟工夫，即将船上一切物件全数搬完。(《中国白话报》1904（12）：61)

(29a) 列位看到这里，必定有性急的人，说大连湾如何失守，书中并未提及，便要怪演书的太忽略了，但是这部书，头绪纷繁，演书的只图顺手，便不免有好些地方要后掇前。(《杭州白话报》1902（19）：37)

(29b) 诊断了半晌，他说除一向施行的咳嗽时之应急手段外，别无他法，我丈夫送他到外面，他说吐血太多一定无救了，这病又是急性，你须注意。(《小说画报》1918（16）：55)

(30a) （宁国）前任绍兴府的贵大人，威风凛凛，声名赫赫，简直我国四万万人，没有一个不晓得他的，现在要到宁国府接印，该府的人民，应该恭恭敬敬的，多办些礼物预备欢迎他才是的。(《安徽白话报》1908（2）：5)

(30b) 娇儿选择十分精，第一要，肌肤冰雪容颜好；二件是，腹有才华写算能；第三桩，赔送妆奁须富丽；四件是，出身阀阅是高门，父兄定要为官宰，赫赫声名好吓人。(《绣像小说》1904（25）：1)

(31a) 还有一个教习将全班学生引到体操场，排队儿站着，好不威风凛凛，相貌堂堂，穿一套紧身衣裳，再戴上顶草帽，遮住斜阳，越显得大汉小汉，像煞是军装武装，只听得一声"开步走"，霎时间步伐整齐，威严勇猛，真觉好看非常。送出洋，送出洋，过几年又要去领略外国风光，到后来，俺决定，不是礼泉芝草，定然碧玉青琅，伫看这二十世纪<u>人才济济</u>幸福无量，俺便要叫这天下太平黄种强。（《杭州白话报》1902（1）：2）

(31b) 久闻壮士大名，未能拜会，果能大表同情，共图大义，真是万幸了。（小武白）此某家本志，今得<u>济济人才</u>，何难济事，但军马虽备，粮草未充，也是枉然。（《中国白话报》1904（8）：58）

类似的同素异序构式还有"年少/少年、老眼昏花/昏花老眼、豺狼当道/当道豺狼、歌舞太平/太平歌舞、众志成城/成城众志、大祸弥天/弥天大祸、江山锦绣/锦绣江山"等。

(五)"主谓式+主谓式"

(32a) 只见那千红万紫，香气扑人，锦绣成堆，胭脂满地，真是个花花世界呢，这可不是费了花儿匠无数的心血，才能够弄得个<u>满园春色</u>。（《杭州白话报》1902（13）：10）

(32b) 好在主人时常在外住宿，惠少奶奶未免与了<u>春色满园</u>之感，家里除几个男仆小厮再也没别的汉。（《小说画报》1918（16）：172）

类似的同素异序构式再如：张冠李戴/李戴张冠、满腹疑团/疑团满腹。

(六)"主谓式+状中式"

(33a) 此外更有一说，浦信的路铜官的矿，即为英国人捷足得去，其余强国，<u>虎视眈眈</u>，都也想各攫一块肉，以援利益均沾的铁案。（《安徽白话报》1908（3）：3）

(33b) 此时法兰西外有强邻，眈眈虎视，内有王党，播弄其间，国会中人亦各别户分门，有如水火。(《绣像小说》1903（2）：2)

(七)"主谓式+中补式"

(34a) 这时候，若不把箱盖赶紧翻开，你们再喘喘几下，就要一命呜呼哩，那蚕子共人是一样的，常常也要吃空气。(《中国白话报》1903（4）：26)

(34b) 当初拳匪，一闻枪声，便已逃避，这两个在杆上，不及下来，便已呜呼一命。(《绣像小说》1904（18）：2)

总之，清末民初同素异序构式的结构类型中，"并列+并列"式占绝大多数。如何解释这种结构类型占据主导地位，我们可以运用认知语言学的原型范畴（prototype category）理论解释。认知语言学的原型理论认为，原型是范畴的典型成员，是与同一范畴成员有最多共同特征的实例，具有最大的家族相似性。❶

原型理论的基本内容包括以下五点：一是范畴内部的各个成员由"家族相似性"（family resemblance）联系在一起，并非满足一组充分必要的条件。二是范畴的边界具有模糊性（fuzziness），相邻范畴互相重叠、渗透。三是范畴原型与该范畴成员共有的特性最多，与相邻范畴的成员共有特征最少；范畴边缘成员与该范畴成员相似的特征最少，而与其他范畴的成员共性更多。四是范畴成员依据具有该范畴所有特性的多寡，具有不同的典型性（prototypicality），因此范畴成员之间并不平等。原型是范畴内最典型的成员，其他成员的典型性显著，有的则处于范畴的边缘位置。五是范畴呈放射状结构，原型位于范畴结构的中心位置，多数范畴呈现的不是单一中心结构，而是多中心结构，即某些范畴通常具有多个原型，原型之间通过家族相似性获得联系。❷

---

❶ 李福印. 认知语言学概论 [M]. 北京：北京大学出版社, 2008：98.
❷ 李福印. 认知语言学概论 [M]. 北京：北京大学出版社, 2008：99-100.

根据原型范畴理论，我们完全可以把同素异序构式作为一个范畴对待，其内部成员具有家族相似性，其原型范畴是"并列+并列"式同素异序构式。因为并列式同素异序构式的构成成员为同义、近义、类义或反义语素。同义或近义关系作为并列式双音词或并列式成语的强势语义聚合，使同义、近义语素并列在汉语双音节或四音节组合中具有强势地位。这些语素在汉语词汇复音化的的背景下逐渐结合成并列式复合词或并列式四音词，其语素序列的变化不影响结构变化，更为重要的是转变后基本意义大多不变。基于此可以说并列式是同素异序构式的原型范畴。

二、同素异序构式的语法属性

（一）语法属性相同的同素异序构式

1. 动词性的同素异序构式

动词性的同素异序构式共573组，占所有同素异序构式的48%，将近一半。其中双音节同素异序构式430组，四音节同素异序构式143组。例如：

（35a）列位可知道，论起中国的礼，臣子见皇帝，原是要跪拜的。(《杭州白话报》1902（29）：53)

（35b）没有病的病起来，有病的凑巧第二天好了，就哄然说树上井上、木头石头上有神有鬼，弄得大家来拜跪祷告。(《新小说》1905（151）：5)

（36a）如今再加这种的税法，自然是件件东西都贵起来，大家捱不起这个苦头，就有一二分要求自强的意思，可是这时候国内的人心不能齐一，也有被人家压制惯的，不想自强，就是三五个有志气的人要想挣扎起来，那自然是格外为难的了。(《杭州白话报》1901（4）：2)

（36b）一月以前，大队长的夫人卧病在床，流涕呜咽，向其夫尼可拉哭道，妾病甚重，虽大医说可以渐渐养好，但妾私自揣度，恐怕病已治不好了。尼可拉道，贤妻宜尽力扎挣，不可出此过怯之

言。(《第一晋话报》1906 (7)：46)

(37a) 俄皇大彼得遗训是大彼得临终时教导子孙的遗嘱，便是大彼得留给后代子孙，叫子孙并吞亚细亚洲的锦囊妙计，看过这部书，亚细亚洲的国都要<u>惊心吊胆</u>。(《杭州白话报》1902 (33)：4)

(37b) 我们中国，格外要<u>吊胆惊心</u>，知道怕惧，便应该同心合力，想个保国的法子，这是看俄皇大彼得遗训的益处。(《杭州白话报》1902 (33)：4)

(38a) 自从中外通商以来，洋货入我内地<u>日新月异</u>，我国的土货销路大减，政府知道人民有不了之势，所以竭力提倡实业。(《吉林通俗教育演讲稿范本》1916 (6)：67)

(38b) 列位请看那西方欧美，政治学术，商兵工艺，种种事业，可不是个花团锦簇、<u>月异日新</u>的么？(《杭州白话报》1902 (9)：1)

上面例子中的"跪拜/拜跪""挣扎/扎挣""惊心吊胆/吊胆惊心""日新月异/月异日新"都属于动词性同素异序构式。

动词性的同素异序构式再如：收买/买收、认捐/捐认、答应/应答、欺侮/侮欺、吩咐/咐吩、拥挤/挤拥、游耍/耍游、搜检/检搜、长吁短叹/短叹长吁、忍气吞声/吞声忍气、鬼使神差/神差鬼使、知己知彼/知彼知己、独断独行/独行独断、咬牙切齿/切齿咬牙、东倒西歪/西歪东倒、如狼似虎/似虎如狼、如狼如虎/如虎如狼、奔走号呼/号呼奔走、贪生怕死/怕死贪生、天翻地覆/地覆天翻、有识有胆/有胆有识、马到功成/功成马到、假公济私/济私假公、千刀万剐/万剐千刀、风餐露宿/露宿风餐、荣华富贵/富贵荣华、为非作歹/作歹为非、同仇敌忾/敌忾同仇、富国强兵/强兵富国、胆战心惊/心惊胆战、国亡家破/家破国亡、惊天动地/动地惊天、窗明几净/几净窗明、家破人亡/人亡家破、报仇雪耻/雪耻报仇、同病相怜/相怜同病等。

2. 名词性的同素异序构式

名词性的同素异序构式共 377 组，占所有同素异序构式的 31%。其中双音节同素异序构式 354 组，四音节同素异序构式 23 组。例如：

(39a) 太后的面貌，长脸、颧骨甚高，两目闪烁有光，但是比去年老些，后面的是皇后同那厮宫中的妃嫔，最后是大阿哥。(《杭州白话报》1902（29）：54)

(39b) 皇后玉貌甚是秀雅，只因满脸涂抹脂粉反把天然的本色遮盖住了，显不出美貌丽容，望过去却像是一位官家女子模样。皇后銮舆过去以后，接着是嫔妃，再后便是端王的儿子。(《杭州白话报》1901（18）：8)

(40a) 怎么叫做立宪咧？就是造成一种最好的法律，使我们中国，无论甚么人，都要遵守，就是那皇帝，都不能违背这种法律的，何况官吏绅士及以下的人咧？(《长沙地方自治白话报》1910（1）：6)

(40b) 本年春间，各属陆续选送到省，先后两次考录士绅二百十七名，第一次于三月十五日上课，第二次于五月初八上课，各为一班教授，而科目程级期限仍一律规定。(《湖南地方自治白话报》1910（1）：6)

(41a) 我挨着你，都怕是自己的国，被别人家灭了，因此各人都想出个自强的法子，把自己的国保护得铜墙铁壁似的一般。(《京话报》1903（3）：8)

(41b) 此爱国心，具有狮子神力，能敌千军万马，胜过铁壁铜墙；此爱国心，具有金刚坚力，能受百炼千锤，胜过金刚钻石；此爱国心，具有太阳光力，能照四大部洲，胜过无尘明镜；此爱国心，具有火心热力，能铸庄严国土，胜过最大汽机。(《杭州白话报》1902（22）：2)

(42a) 列位，我曾记得第一年白话报，载变俗篇，内有一篇说吃鸦片烟的害处，洒洒洋洋，好似晨钟暮鼓，但是列位要晓得外国人吃酒，其害处和我们中国吃鸦片烟一般，等到一上了瘾，真真连自己也不晓得自己。(《杭州白话报》1902（6）：1)

(42b) 原来的信上，说本报是暮鼓晨钟，实在不敢当，就用这四个字奉赠来稿，添改的地方如有不对意思的，还请指教。(《京话

日报》1905（4）：18）

上面例子中的"妃嫔/嫔妃""绅士/士绅""铜墙铁壁/铁壁铜墙""晨钟暮鼓/暮鼓晨钟"都作宾语，属于名词性同素异序构式。

名词性的同素异序构式再如：蔬菜/菜蔬、弹药/药弹、道路/路道、地基/基地、人民/民人、半夜/夜半、古今/今古、先后/后先、东亚/亚东、家邦/邦家、家室/室家、兵甲/甲兵、价目/目价、见识/识见、街市/市街、旌旗/旗旌、景物/物景、笔墨纸砚/纸砚笔墨、蛛丝马迹/马迹蛛丝、罪魁祸首/祸首罪魁、牛鬼蛇神/蛇神牛鬼、皇天后土/后土皇天、咫尺天涯/天涯咫尺、狐群狗党/狗党狐群、飞禽走兽/走兽飞禽、四书五经/五经四书、天兵天将/天将天兵、豺狼虎豹/虎豹豺狼、天罗地网/地网天罗、千言万语/万语千言、红男绿女/绿女红男、街头巷尾/巷尾街头、琼楼玉宇/玉宇琼楼、沧海桑田/桑田沧海、风俗人情/人情风俗、一刻千金/千金一刻、金戈铁马/铁马金戈。

3. 形容词性的同素异序构式

形容词性的同素异序构式共 148 组，占所有同素异序构式的 12%。其中双音节同素异序构式 138 组，四音节同素异序构式 10 组。例如：

（43a）百姓财力有限，经了这番困苦，自然市面冷静起来。良善的饿死冻死莫敢告诉，那<u>强横</u>的便做盗做贼，抢得一日便快活了一日。（《杭州白话报》1902（29）：1）

（43b）最可笑的，是有一班人说道，我中国现在虽是衰弱，不过一时气运不好，终有兴盛的日子，洋人不过一时<u>横强</u>，好比日中的露水，不能够长久的。（《安徽俗话报》1905（19）：2）

（44a）问官大怒，当即喝令将郭尚村按倒地下，板打一千，尚村并不喊痛，打到八百余板，尚村即已昏晕过去，此时玫瑰花十分<u>悲伤</u>，即悄悄的对钟国洪道，"我们去吧，眼见他总不能再活了，我们还是商量替他复仇要紧，在这里看也无用。"（《中国白话报》1904（12）：57）

(44b) 那时美洲地方苛待黑奴,把非洲的黑种人民贩卖到美洲,充当奴隶,那种苦况真是比牛马不如。要是说出那些困苦的情形,就是铁石的人儿也要堕泪,批茶见了最是<u>伤悲</u>,心念着黑奴的苦处,是人间少见的。(《杭州白话报》1902 (12):11)

(45a) 又有说拳匪的本事,真是<u>神通广大</u>,不但枪炮不受,而且还有红灯照的奇术,只用一班十几岁的姑娘,念起符咒,放起红灯在半天中,那外国的兵船就都被火烧毁,这些谣言,四处传播开来,到也十分相信。(《杭州白话报》1901 (8):15)

(45b) 公门中人,三头六臂,<u>广大神通</u>,真令人无从捉摸。(《新小说》1905 (81):1)

上面例子中的"强横/横强""悲伤/伤悲""神通广大/广大神通"属于形容词性同素异序构式。

形容词性的同素异序构式再如:惶恐/恐惶、劳苦/苦劳、便利/利便、笨拙/拙笨、嫉妒/妒嫉、妒忌/忌妒、光荣/荣光、寒苦/苦寒、和平/平和、黑暗/暗黑、活泼/泼活、急躁/躁急、寂静/静寂、简单/单简、健康/康健、洋洋洒洒/洒洒洋洋、艰难困苦/困苦艰难、自尊自大/自大自尊、玲珑剔透/剔透玲珑、孤苦伶仃/伶仃孤苦、儒雅风流/风流儒雅、冷冷清清/清清冷冷、得意洋洋/洋洋得意等。

4. 副词性的同素异序构式

副词性的同素异序构式共 19 组,占所有同素异序构式的 2%。19 组皆为双音节同素异序构式。例如:

(46a) 徐长白道,据说起初却已被获。到了临刑时节,仍复为人劫去,三人听了,也是无处捉摸,<u>暂且</u>搁在心里。(《中国白话报》1903 (11):52)

(46b) 我本要告诉你的,你<u>且暂</u>等一会儿,让我进去吃点儿东西出来再和你谈,说着便进屋去。(《绣像小说》1906 (67):106)

(47a) 你看,那边一丛树里头远远的有座村庄的样子,就是当

年卢生入梦的地方。刚才火车从那边过去，可惜不能下去到那里游玩游玩。(《第一晋话报》1906（6）：45)

(47b) 我正要和你谈谈，便拉了老四到自己的账房，一五一十的告诉了他。又说才刚去找周仲和，那知他出了洋行。(《绣像小说》1905（57）：1)

上面例中的"暂且/且暂"与"刚才/才刚"都属于副词性同素异序构式。

副词性同素异序构式再如：总共/共总、便即/即便、当即/即当、反倒/倒反、方才/才方、姑且/且姑、相互/互相、加倍/倍加、时常/常时、通共/共通、暂且/且暂、准定/定准、须当/当须、始终/终始、必定/定必，等等。这些副词发展到现代汉语中大多数以 AB 为唯一素序，而 BA 多淘汰或只用于个别方言中，如"反倒、才刚、才方、共总"等。

5. 连词性的同素异序构式

连词性的同素异序构式共 2 组，皆为双音节同素异序构式。例如：

(48a) 凡是人有才必定要有德，有德必定要有才。有才没有德，便算不得是才；有德没有才，也算不得是德。(《杭州白话报》1901（18）：12)

(48b) 你们知道什么叫做四书义五经义呢？这可跟那从前的文章大不相同了。是凡那些时文的字眼，墨卷的腔调，破承题起讲的格式，是奉了明旨，一概不准用的了。(《京话报》1903（1）：9)

(49a) 那大将军不但并不理会，而且反到凶恶起来，把那波兰的百姓从前开的报馆，一概封了门，向来当兵的，一概都撤了，这就是秦始皇的老法子，愚弄百姓，防着他造反的意思。(《京话报》1903（1）：6)

(49b) 那说不能剪的人说，这条辫子很好看，剪了实在不顺眼，且而是我们中国的国粹，这国粹是要保存的，又说这条辫子是我们中国的制度，剪了就不成体统。(《安徽白话报》1908（2）：3)

上例中的"凡是/是凡""而且/且而"属于连词性同素异序构式。

以上考察了各种语法属性相同的1119组同素异序构式,可用图5-1直观地显示:

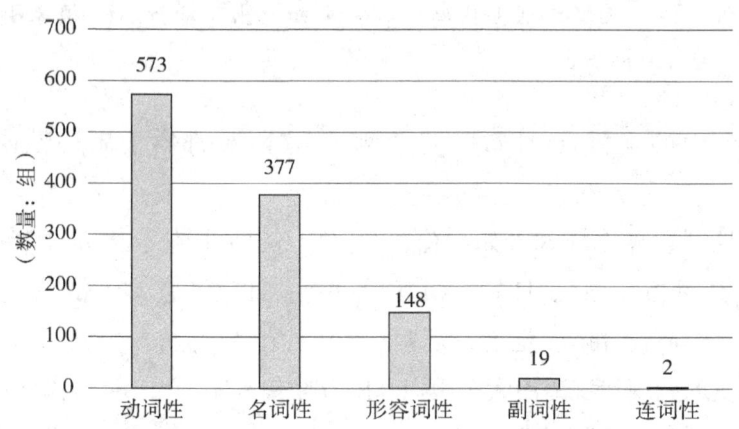

图5-1 语法属性相同的同素异序构式的词类

语法属性相同的同素异序构式中实词类占绝大多数,尤其是动词类、名词类,虚词类只占极少部分,并且仅限于副词类和连词类两类。

(二)语法属性不同的同素异序构式

语法属性不同的同素异序构式共83组,占所有同素异序构式的7%。其中双音节同素异序构式72组,四音节同素异序构式11组。例如:

(50a)幸亏刘制台没有理他,说道:"蔡某这番话,真是因为吃饭噎了喉咙,连饭都不要吃了。"一面电覆外务部,一面仍派南京陆师学堂学生到日本去游学。(《杭州白话报》1902(30):1)

(50b)日前政务各王大臣,因为近来各省人民到都察院里去,呈请开设国会,并请宣布国会年限的,络绎不绝,而且各省督抚的覆电,也很有以宣布国会年限为有利无害的,恐怕再不宣布年限,民间失望。(《河南白话科学报》1908(8):1)

(51a)"栖桐,我有一句格言书忠告之谊,不知你听不听?"栖桐惊道,"小弟,虽然不德,也还不致于忠言逆耳,我兄尽管说来。"

(《小说画报》1917（9）：147)

(51b) 平若哈哈大笑道，"这谈何容易呢？不必有此事，不可无此言。"我说："老夫为汝传衣钵，逆耳忠言古有诸。"(《小说画报》1917（10）：140)

这类同素异序构式中一些语素呈现出多义性，不仅可以表示动作，还可表示事物，两义项之间具有关联，因此这些 AB 与 BA 构成的同素异序构式不属于前面提到的原型范畴，可作为同素异序构式的边缘范畴。

总之，清末民初同素异序构式从语法属性而言，相同的为主导，尤其是动词类和名词类；语法属性相异的占少数。

三、构式中 A 与 B 的语法性质

同素异序构式中 A 与 B 的语法性质分为相同和不同两大类，为直观显示，见图 5-2：

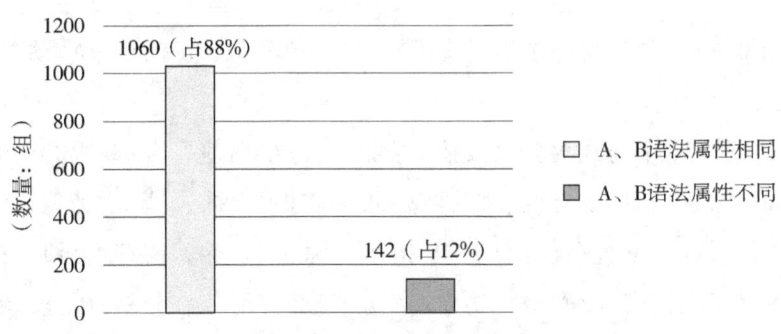

图 5-2　同素异序构式中 A、B 的语法属性

(一) A 与 B 语法属性相同

1. "动+动"

此类共 509 组，占所有同素异序构式的 42%。其中双音节同素异序构式 416 组，四音节同素异序构式 93 组。例如：

(52a) 咸丰十年，英法二军，扰乱京师，烧毁圆明园，我国时

局，危急不堪。俄人趁此机会，<u>派遣</u>伊华那来北京，替中国调停和议，无奈俄人心怀叵测，笑里藏刀，勒令我国政府，订北京条约。（《杭州白话报》1902.25（3）：2）

（52b）孟广智一听，说既然这样，就请父台住在治晚家里，等治晚修几封书信，<u>遣派</u>家人，到各大村大镇上，约请几位绅士来。（《法政浅说报》1911（25）：43）

（53a）上月永定河决口，正在小保定的芦各庄，庄里的住户，共有五十四家，都淹在水里，片瓦无存，男女大小，共有二百三十三口，都逃向邻村，<u>风餐露宿</u>，可怜的很。（《京话日报》1904（9）：9）

（53b）看守兵丁睡四旁，不敢高声惊大船，从容入内找衣箱，幸亏箱只都完好，忙取银钱塞满囊，出外依然人未醒，对樊公，倒身下，拜泪成行，从今在路无多话，<u>露宿风餐</u>苦尽尝。（《安徽俗话报》1905（20）：5）

上面例中"派"与"遣"、"风餐"与"露宿"都属于"动+动"类同素异序构式。

此类同素异序构式再如：安慰/慰安、煎熬/熬煎、奔逃/逃奔、庇护/护庇、避忌/忌避、变更/更变、兼并/并兼、捕捉/捉捕、猜疑/疑猜、裁剪/剪裁、躲藏/藏躲、考查/查考、承担/担承、除去/去除、留存/存留、揉搓/搓揉、磋磨/磨磋、搭配/配搭、访拿/拿访、分剖/剖分、分析/析分、奉陪/陪奉、跪拜/拜跪、喊叫/叫喊、旅行/行旅、行销/销行、号哭/哭号、喜欢/欢喜、惶恐/恐惶、悔改/改悔、悔悟/悟悔、昏迷/迷昏、积蓄/蓄积、急救/救急、计算/算计、祭奠/奠祭、寄托/托寄、托付/付托、添加/加添、检查/查检、接待/待接、连接/接连、接应/应接、结交/交结、解剖/剖解，等等。

2."名+名"

此类共379组，占所有同素异序构式的32%。其中双音节同素异序构式335组，四音节同素异序构式44组。例如：

(54a) 这个泥土,也惟工人是听了,汝不知道这儿,所以供奉他馨香他的以后,就说有鬼神来巢穴他躯壳他了。(《通俗报》1912（2）：5)

(54b) 有人说,无论地球上那一个国度,凡在野蛮时代,最重的总是祭祀,他借着神鬼说话,愚诳百姓,百姓自然服他。(《杭州白话报》1902（33）：34)

(55a) 却说那如虎如狼的幕府,把长洲的三宰臣、五公卿杀的杀、逐的逐,打得个落花流水。(《杭州白话报》1902（2）：3)

(55b) 甲午那一年,皇太后刚刚高兴做六旬万寿,碰着日本来捣鬼,败得流水落花,赔兵费二百兆,把台湾也割去了,因此万寿做不成功。(《中国白话报》1904（5）：49)

上面例中"鬼"与"神"、"落花"与"流水"都属于"名+名"类同素异序构式。

此类同素异序构式再如：路途/途路、兄弟/弟兄、妃嫔/嫔妃、婢仆/仆婢、官兵/兵官、士兵/兵士、蛮夷/夷蛮、民兵/兵民、朋友/友朋、人民/民人、绅士/士绅、庶民/民庶、昨日/日昨、半夜/夜半、深夜/夜深、先后/后先、夜晚/晚夜、东亚/亚东、背脊/脊背、本原/原本、臂膀/膀臂、边防/防边、财货/货财、蔬菜/菜蔬、油菜/菜油、苍穹/穹苍、油茶/茶油、产物/物产、雌雄/雄雌、村庄/庄村、弹药/药弹、尺寸/寸尺、道路/路道、地基/基地、典故/故典、典宪/宪典、法律/律法、藩属/属藩、费用/用费、分毫/毫分、腐乳/乳腐、感情/情感、羔羊/羊羔、根本/本根、匪乱/乱匪、富豪/豪富、血汗/汗血,等等。

3."形+形"

此类共148组,占所有同素异序构式的12%。其中双音节同素异序构式119组,四音节同素异序构式29组。例如：

(56a) 问官大怒,当即喝令将郭尚村按倒地下,板打一千,尚村并不喊痛,打到八百余板,尚村即已昏晕过去,此时玫瑰花十分悲伤，即悄悄的对钟国洪道，"我们去吧，眼见他总不能再活了，我们还是商量替他复仇要紧，在这里看也无用。"（《中国白话报》1904（12）：57）

(56b) 那时美洲地方，苛侍黑奴，把非洲的黑种人民，贩卖到美洲，充当奴隶，那种苦况，真是比牛马不如。要是说出那些困苦的情形，就是铁石的人儿，也要堕泪，批茶见了，最是伤悲，心念着黑奴的苦处，是人间少见的。（《杭州白话报》1902（12）：11）

(57a) 你替那孀妇想一想，孤苦伶仃，既没有甚么家产，又没有留下子女，本是个极可怜极无告的人，没了法子，才肯去改嫁，看见娶他，替他难受还来不及，怎么倒嘲笑起来呢？（《京话日报》1905（4）：2）

(57b) 望东的孙名叫助仇，也因为纳交志士，定了一个徒罪，于是祖孙二人，一个流到姬岛，一个流到玄界岛，伶仃孤苦，一在天涯，一在地角了。（《杭州白话报》1902（3）：5）

上面例中"悲"与"伤"、"孤苦"与"伶仃"都属于"形+形"类同素异序构式。

此类同素异序构式再如：劳苦/苦劳、便利/利便、笨拙/拙笨、嫉妒/妒嫉、妒忌/忌妒、光荣/荣光、寒苦/苦寒、和平/平和、黑暗/暗黑、活泼/泼活、急躁/躁急、寂静/静寂、简单/单简、健康/康健、要紧/紧要、苦毒/毒苦、冷清/清冷、善良/良善、寂寥/寥寂、空虚/虚空、勉强/强勉、闹热/热闹、暖和/和暖、平坦/坦平、密切/切密、奇怪/怪奇、奇珍/珍奇、强盛/盛强、俊俏/俏俊、怯懦/懦怯、穷困/困穷、劣弱/弱劣、伤感/感伤、辛酸/酸辛、痛苦/苦痛、突兀/兀突、为难/难为、希奇/奇希、细微/微细、辛苦/苦辛、兴盛/盛兴、野蛮/蛮野、怨愤/愤怨、直爽/爽直、勇猛/猛勇、整齐/齐整、愚蠢/蠢愚、杂乱/乱杂、长久/久长、灵通/通灵、危险/险危、贫富/富贫、强横/横强、苦楚/楚苦、固执/执固、潮湿/湿潮、干旱/旱干，等等。

4. "副+副"

此类共19组，占所有同素异序构式的2%。全部为双音节同素异序构式。

例如：

(58a) 这苍蝇听了，也不知道不好意思，<u>反倒</u>恼起来了，就嗡的一声，飞了出去。(《京话报》1903（1）：1)

(58b) 总有个缘故，藏匿逃人的情由，不过两件：一件是因他巧语花言，指东话西，胡说一派，遮掩实情，你们都被他哄了，只当他是个好人，绝不提防，<u>倒反</u>爱怜，留他住下。一件是贪小利，图他的银钱。(《河南白话演说报》1908（135）：2)

(59a) 你看，那边一丛树里头远远的有座村庄的样子，就是当年卢生入梦的地方。<u>刚才</u>火车从那边过去，可惜不能下去到那里游玩游玩。(《第一晋话报》1906（6）：45)

(59b) 我正要和你谈谈，便拉了老四到自己的账房，一五一十的告诉了他。又说<u>才刚</u>去找周仲和，那知他出了洋行。(《绣像小说》1905（57）：1)

上面例中"反倒"与"倒反"、"刚才"与"才刚"都属于"副+副"类同素异序构式。

此类同素异序构式再如：总共/共总、便即/即便、当即/即当、方才/才方、姑且/且姑、相互/互相、加倍/倍加、时常/常时、通共/共通、无不/不无、暂且/且暂、凡是/是凡、准定/定准、须当/当须、必当/当必、应该/该应、必定/定必。

(二) A 与 B 语法属性不同

1. "动+名"

此类共 68 组，占所有同素异序构式的 6%。其中双音节同素异序构式 54 组，四音节同素异序构式 14 组。例如：

(60a) 太谷是个县名，这县里出的灯，样式又好，火力又足，光头又大，五大洲数他第一，可惜出在中国，若是出在欧美各国，这第

一个造灯的人,各报上定要替他扬名。(《绣像小说》1904(16):4)

(60b) 咳,谁料我,命迍遭,家国凋丧,生生的,撇下了,白发高堂,去钗环,改乔装,男儿一样,恨无人,代老父,效力疆场,因此上,提戈矛,军前对仗,统领这,五百兵,塞外名扬。(《中国白话报》1903(3):62-63)

(61a) 这位何老先生家里,却有几十万的家财,无奈年纪大了,子弟们又都是少年公子,不知道赚钱,只知道用钱,这个时候儿,便有那丧尽天良、乌饭心肠的伙计们,趁着老先生有病不能管事,子弟们的狂用不知节省,便多生了几双手儿,黑五黑六的瓜分了许多。(《杭州白话报》1902(7):2)

(61b) 风流子弟,你们可曾想得到呀,有时多骗了人家几个钱,也想捐捐义赈,怎奈龟鸨儿天良丧尽,涓滴不遗的挖了去,那经容我们有一个私钱。(《京话日报》1905(3):28)

上面例中"扬"与"名"、"丧尽"与"天良"都属于"动+名"类同素异序构式。

此类同素异序构式再如:断肠/肠断、丧命/命丧、专心/心专、伤神/神伤、不值一钱/一钱不值、涂炭生灵/生灵涂炭、顿开茅塞/茅塞顿开等。

2. "形+名"

此类共28组,占所有同素异序构式的2%。其中双音节同素异序构式23组,四音节同素异序构式5组。例如:

(62a) 譬如那养蚕的人,蚕有了病,必定要留心着喂养的方法,屋内的温度,以及桑叶的好歹,细心考察,得着好的茧子才了。(《杭州白话报》1902(25):14)

(62b) 我在那里曾经见过,事隔两载,一时记不上来,不知不觉怔在那里,就是这朱胡氏见了邢兴,亦觉得心内诧异,说这人贼头贼脑,亦觉面善得很,毕竟女人心细,先想起来。(《绣像小说》1904(37):3)

(63a) 近来又想承受上海制造局,已把吴淞电线直接山东,预备侵入长江一带的地方。唉！江山锦绣,豆剖瓜分,吾党何日醒！(《杭州白话报》1903（16）：46）

(63b) 我记得上古时代,我中华是第一文明,泱泱大风,郁郁文章,五洲万国同引领,到今日呵,锦绣江山,都被外人割尽,神明种子,同受异族欺凌。(《杭州白话报》1902（4）：1)

上面例中"细"与"心"、"锦绣"与"江山"都属于"形+名"同素异序构式。

此类同素异序构式再如：痛心/心痛、伤心/心伤、灰心/心灰、青年/年青、懿旨/旨懿、和气/气和、静心/心静、薄命/命薄、旷野/野旷、良心/心良、诚心/心诚、枯草/草枯、多心/心多、太平歌舞/歌舞太平、赫赫声名/声名赫赫等。

3. "动+形"

此类共12组,占所有同素异序构式的1%。其中双音节同素异序构式11组,四音节同素异序构式1组。例如：

(64a) 外国行用金钱,独有中国用银,他用金我用银,他把金价抬高,我用银去同他做买卖,赔洋债,都要吃亏。(《杭州白话报》1901（5）：4)

(64b) 话说劳航芥因为接到安徽巡抚黄中丞的电聘,由香港坐了公司轮船到得上海,因他从前在香港时,很有些上等外国人同他来往,故而自己也不得不高抬身价。(《绣像小说》1905（43）：237)

(65a) 十年以来,他们各国所讲的外交,所行的政策,无非是着重在中国的,你想人家那样虎视眈眈,我们做国民的,大家关门睡觉,一点外情不知道,这国安得不亡呢？(《中国白话报》1904（15）：6)

(65b) 新近又学了联盟故事,调齐了许多兵将,想把法兰西囊括席卷,都归他们手掌之中,此时法兰西外有强邻,眈眈虎视,内

有王党,播弄其间,国会中人,亦各别户分门,有如水火。(《绣像小说》1903(2):1)

上面例中"抬"与"高"、"虎视/眈眈"都"动+形"同素异序构式。此类同素异序构式再如:摆明/明摆等。

4. 其他类

此类共34组,占所有同素异序构式的3%。其中双音节同素异序构式33组,四音节同素异序构式1组。例如:

(66a) 人人拼死,奋力前攻,不到十日,竟把英军打得个抱头鼠窜,解了阿里安城的围,大唱铙歌,回朝报捷。(《杭州白话报》1902(8):3)

(66b) 却说北村强盗,正在盼望捷报,因遣探马前去打听,少顷探马回来,喘吁吁的一路跑。(《中国白话报》1904(15):53)

(67a) 到一千七百八十九年,霹雳一声,法兰西革命起,民势汹涌,都同火山爆烈一般,玛利侬本不喜欢革命,但处着这不痛不痒作威作福的老专制国,就用和平改革也是无济于事。(《杭州白话报》1902(9):6)

(67b) 要是行文到俄德外部去问,料他们两国,自必假言推托,决不肯说实话的,这不但于事无济,反倒着了痕迹。(《京话日报》1904-8-18)

其他类同素异序构式再如:评定/定评、约定/定约、定额/额定等。

总之,清末民初同素异序构式中大多数AB与BA为"并列+并列"式,其次为"偏正+偏正"式,其他还有"主谓+动宾"式等类型。AB、BA的语法属性以相同为主导,分别是动词性、名词性、形容词性。另外,少量的同素异序构式语法属性相异。

第二节　同素异序构式的语义考察

语言是语言系统的重要层面，起着必不可少的作用。本节对同素异序构式 AB 与 BA 的语义层面进行分析，分别对 AB 与 BA 的义位、同素异序构式的语义场、A 与 B 素义的关系三个角度考察。

一、同素异序构式的意义类型

构式语法认为，构式（construction）是语言中能够独立运用的语言单位，是形式（form）和意义（meaning）的结合体。同素异序构式中 AB 与 BA 在形式上呈异序状态，在意义上呈现异同。同素异序构式中 AB 或 BA 有的为单义，有的为多义，因此我们使用义位（sememe）这一术语来指称 AB 或 BA 的语义，具体而言，可分为等义同素异序构式、近义同素异序构式、相关义同素异序构式三大类型。

（一）等义同素异序构式

等义同素异序构式指意义完全相同，且 AB 与 BA 可进行替换的同素异序构式。它不仅存在于双音节同素异序构式中，而且在四音节同素异序构式中也大量存在，这是清末民初汉语的重要词汇特点。我们对两者分别进行阐释。

1. 等义双音节同素异序构式

语言中是否存在等义词，学界存在两种截然不同的观点，有人认为语言中没有意义完全相等的等义词，更多的学者主张语言中存在一定数量的等义词。笔者赞同后者的观点。词汇成员由于来源的复杂性和历时发展的不稳定性出现一定量的等义词是正常的，尤其在汉语的过渡时期。刘叔新（2005）主张，只有词的成员，彼此的意义不仅外延相同，内涵也一致，互为所谓等义词。❶ 同素异序等义词的判断标准可分为两个条件：一是指 AB 与

---

❶ 刘叔新. 汉语描写词汇学（重订本）[M]. 北京：商务印书馆，2005：316.

BA义位完全相同,包括词汇意义、语法意义和色彩意义等;二是具有可替换性。考察发现,清末民初白话报刊中共有552组等义双音节同素异序构式,占所有同素异序构式的54%,这说明这一汉语过渡时期等义构式的数量较大。同时,大多数等义构式一般只有一个义位,且词性相同。如:

(1a) 司堵瑟尔将军报告说,在旅顺的日兵业已<u>增加</u>,所以陆续炮攻不至。(《中国白话报》1904(21-24):175)

(1b) 崇文门税务,自去年八月初三起,到了年底,比较庚子乱后,进项已<u>加增</u>八万金,闻说添派满人管学之事,出于浙江人王御史的主意。(《杭州白话报》1902(11):1)

(2a) 近前仔细抬头看,只见那逃走的,一众家人在后边,原来众丁俱在树林里<u>躲藏</u>,被山上众兵搜出一齐带来。(《安徽俗话报》1905(21):1)

(2b) 当时四出侦探,遇有逃亡壮士、避仇英雄一力搭救,便将送往朱大哥庄上<u>藏躲</u>。那政府中人,就有三头六臂,怎敢动手,来将他的虎须么?(《中国白话报》1904(12):41)

例(1)中"增加"与"加增"可替换,义位只有一个且相同,因此为等义词。动词类等义词再如:安慰/慰安、煎熬/熬煎、庇护/护庇、喊叫/叫喊、介绍/绍介、避忌/忌避、捕捉/捉捕、猜疑/疑猜、承担/担承、怨仇/仇怨、酬唱/唱酬、留存/存留、磋磨/磨磋、访拿/拿访、奉陪/陪奉、行销/销行、悔悟/悟悔、添加/加添、惧怕/怕惧、叩拜/拜叩、折磨/磨折、派遣/遣派、祈祷/祷祈、欠缺/缺欠、躲闪/闪躲、赏玩/玩赏、申奏/奏申、睡眠/眠睡、顺从/从顺、伺候/候伺、损伤/伤损、缩短/短缩、缩减/减缩、逃遁/遁逃、代替/替代、吞并/并吞、围攻/攻围、嫌憎/憎嫌、歇宿/宿歇、知悉/悉知、演讲/讲演、倚仗/仗倚、役使/使役、运载/载运等。

名词类等义词如:丹心/心丹、身心/心身、婢仆/仆婢、蛮夷/夷蛮、绅士/士绅、庶民/民庶、童幼/幼童、蛮荆/荆蛮、昨日/日昨、夜晚/晚夜、臂膀/膀臂、村庄/庄村、分毫/毫分、吉凶/凶吉、疾病/病疾、家室/室家、价目/目价、见识/识见、力气/气力、名利/利名、利益/益利、米粮/粮米、名声/声名、命运/运命、畜牧/牧畜、泥沙/沙泥、污泥/泥污、品行/行品、牛马/马牛、容颜/颜容、蛆虫/虫蛆、声音/音声、口角/角口、堂殿/殿堂、天地/地天、异同/同异、舞蹈/蹈舞、桌椅/椅桌、姿容/容姿、踪影/影踪、性情/情性、姓名/名姓、姓氏/氏姓、习俗/俗习、声响/响声、汁液/液汁、枳棘/棘枳、质料/料质、衣冠/冠衣、情形/形情、弊病/病弊等。

形容词类等义词如：悲伤/伤悲、笨拙/拙笨、嫉妒/妒嫉、妒忌/忌妒、活泼/泼活、急躁/躁急、寂静/静寂、简单/单简、健康/康健、平坦/坦平、俊俏/俏俊、怯懦/懦怯、穷困/困穷、劣弱/弱劣、辛酸/酸辛、痛苦/苦痛、突兀/兀突、希奇/奇希、兴盛/盛兴、野蛮/蛮野、直爽/爽直、愚蠢/蠢愚、长久/久长、痛心/心痛、贫富/富贫、强横/横强、苦楚/楚苦、热心/心热、固执/执固、畅意/意畅、扬威/威扬、狭窄/窄狭、污秽/秽污、柔软/软柔、祸福/福祸、慌张/张慌、羞耻/耻羞、心直/直心、横恣/恣横、轻重/重轻、浅显/显浅、明显/显明、疼痛/痛疼、清洁/洁清、俭省/省俭、厌烦/烦厌等。

2. 等义四音节同素异序构式

据考察，清末民初白话报刊资料四音节同素异序构式中171组为等义，占所有四音节同素异序构式的92%。例如：

(3a) 这日舰用测远镜远远的张看，瞧见炮台上守将慌乱的形象，以及发炮的神情，暗暗地好笑，便故意装做怕惧的样儿，把日舰四下里避开，炮台上的守将见连放了几炮，便把许多的战舰，都躲得<u>无影无踪</u>。(《杭州白话报》1902 (19)：37)

(3b) 贤甥，你送我一送。不由分说，拉着就走，天来只得跟了出来，走出大门，只见一众强徒，已是散的<u>无踪无影</u>，宗孔一撒手道，饶了你吧，顺手一推，天来几乎跌了一跤。(《新小说》1905 (58)：3)

(4a) 总之，我中国危险景象已到十二分，说到此，那眼泪不觉的丢了下来，高丽人也是<u>长吁短叹</u>，真是俗语说的不错"同病相怜"，高丽和中国的病态，原是一般，莫怪他彼此谈论，要格外伤心呢？(《杭州白话报》1901 (1)：3)

(4b) 内中有一封是樊城襄阳已经失守了,欲还有一封又是鄂州张世杰的报捷文书,说甚么俘获千人,夺得战马百匹、战船五十号,似道未及听完,只急得跺脚道"罢了罢了"。一时间攒眉皱目,<u>短叹长吁</u>,半句话也说不出。(《新小说》1903(157):9)

类似的等义成语还如:夫唱妇随/妇随夫唱、忍气吞声/吞声忍气、笔墨纸砚/纸墨笔砚、蛛丝马迹/马迹蛛丝、同病相怜/相怜同病、鬼使神差/神差鬼使、知己知彼/知彼知己、神通广大/广大神通、罪魁祸首/祸首罪魁、独断独行/独行独断、咬牙切齿/切齿咬牙、东倒西歪/西歪东倒、如狼似虎/似虎如狼、如狼如虎/如虎如狼、奔走号呼/号呼奔走、铜墙铁壁/铁壁铜墙、落花流水/流水落花、轰轰烈烈/烈烈轰轰、贪生怕死/怕死贪生、天翻地覆/地覆天翻、惊心吊胆/吊胆惊心、有识有胆/有胆有识、马到功成/功成马到、假公济私/济私假公、千刀万剐/万剐千刀、得意洋洋/洋洋得意、得意扬扬/扬扬得意、千山万水/万水千山、朝朝暮暮/暮暮朝朝、冷冷清清/清清冷冷、风餐露宿/露宿风餐、战战兢兢/兢兢战战、荣华富贵/富贵荣华、为非作歹/作歹为非、同仇敌忾/敌忾同仇、牛鬼蛇神/蛇神牛鬼、富国强兵/强兵富国、胆战心惊/心惊胆战、国亡家破/家破国亡、日新月异/月异日新、惊天动地/动地惊天、窗明几净/几净窗明、家破人亡/人亡家破、报仇雪耻/雪耻报仇、儒雅风流/风流儒雅、皇天后土/后土皇天、孤苦伶仃/伶仃孤苦。

清末民初时期存在大量的等义同素异序构式,这是客观存在的语言事实。它与汉语处于过渡时期有着密不可分的关系,此时的词汇系统开放性较强,规范性较弱,文言词、白话词、新词、方言词等不同类聚的成员进入词汇系统,加之白话报刊的作者具有不同的方言背景和教育水平等,诸多因素使得同素异序构式中等义构式的数量骤增。换言之,等义同素异序构式的大量存在是清末民初词汇的重要特征。

(二) 近义同素异序构式

近义同素异序构式指意义有同有异的同素异序构式。它在双音节中大量存在,而在四音节同素异序构式中出现较少。我们对两者分别进行阐释。

1. 近义双音节同素异序构式

关于近义词的界定，我们采用武占坤、王勤的说法。"词汇里，指称的事物、现象相近相似，指称的意义大同小异，从而在用法上或色彩上也往往存在差别的一些词的组系，……是近义词。"❶ 换言之，近义词指 AB 与 BA 理性意义基本相同，而在语法意义或色彩意义上有些差别的词。清末民初同素异序近义词共 421 组，占所有同素异序构式的 42%，具体分为以下两类。

第一类是 AB 与 BA 只有一个义位，且属近义。如：

(5a) 美国在檀香山岛查验瘟疫船只，船里面有日本国妇人，查验的时候，来人向日本妇人无礼。(《杭州白话报》1901（18）：6)

(5b) 派员验查路矿帐目：商部自奉命遴员，会同盛宣怀将所办路矿历年出入款项确查具奏后，当即电派王参议清穆、杨参议士琦，就近会同查核。(《中国白话报》1904（21-24）：173)

(6a) 如今外国，能够这样强横，无非因为那兵实在强得很啊，但外国知道这个法子，也不过在几十年前，他的百姓练习兵法，也不过练习几十年，他那国度居然就强的了不得。(《中国白话报》1904（5）：36)

(6b) 不要一事不对就要奋勇决斗闹出事来，若管带共哨官晓得了，轻则怒骂，重打军棍，何苦讨这等没脸的事情呢？要晓得我们为保护国家来的，并不是为贪着什么饮食而来，况且为军人应该习练耐苦的工夫，将来练成伟大军国民的资格，岂不是好？(《中国白话报》1904（20）：17)

例（5）中"查验"指"检查验看"，而"验查"指"检查"，二者在词义上都有检查之义，不过侧重点不一致，前者强调"验"，后者侧重"查"，因此把二者看作近义词。此类近义词还如：考查/查考、除去/去除、出产/产出、来到/到来、收回/回收、生产/产生、统一/一统、讯问/问讯、印刷/刷印、更改/改更等。

---

❶ 武占坤，王勤. 现代汉语词汇概要［M］. 北京：外语教学与研究出版社，2009：109.

第二类是 AB 与 BA 中一序拥有多个义位，两者在其中一个义位上属于近义。如：

(7a$_1$) 到五六岁，又要换乳齿生永久齿，保齿的方法一定用药制的牙粉常常洗刷。(《安徽俗话报》1904（7）：22)

(7a$_2$) 去年有经团匪糟蹋的，今要立个涤垢雪侮的石碑，涤垢雪侮是洗刷前头的耻辱，这碑由各国自行建立。(《杭州白话报》1901（19）：4)

(7b) 演就是造化，如同演戏一样，天演是说天道的造化，淘汰是刷洗干净的意思。(《京话日报》1905（2）：19)

例（7）中的"洗刷"有两个义位：(7a$_1$) 中指用刷子蘸水刷；(7a$_2$) 中指除去侮辱。而"刷洗"只有一个义位，指用刷子蘸水刷，换言之"洗刷"与"刷洗"在一个义位上相近。此类近义词再如：罗网/网罗、灭绝/绝灭、要紧/紧要、裁剪/剪裁、搭配/配搭、喜欢/欢喜、奔逃/逃奔、除去/去除、计算/算计等。

2. 近义四音节同素异序构式

近义成语是意义基本相同、用法略有差别的成语，共 16 组，占所有四音节同素异序构式的 8%。例如：

(8a) 栖桐，我有一句格言，书忠告之谊，不知你听不听。栖桐惊道，小弟虽然不德，也还不至于忠言逆耳，我兄尽管说来。(《小说画报》1917（9）：139)

(8b) 平若哈哈大笑道："这谈何容易呢？不必有此事，不可无此言。"我说："老夫为汝传衣钵，逆耳忠言古有诸。"(《小说画报》1917（10）：140)

例（8）中的"忠言逆耳"与"逆耳忠言"意义相近，不过其用法不一致，不能替换，前者是主谓式，谓词性，多作谓语分句；后者是定中式，体词性，多作主语、宾语。

类似的近义成语还如：人才济济/济济人才、老眼昏花/昏花老眼、歌舞太平/太平歌舞、众志成城/成城众志、声名赫赫/赫赫声名、大祸弥天/弥天大祸、天涯咫尺/咫尺天涯、大义微言/微言大义、江山锦绣/锦绣江山。

(三) 相关义同素异序构式

相关同素异序构式指 AB 与 BA 的意义有一定联系，其中一式陈述动作行为，另外一式指称事物对象，共42组，全部为双音节同素异序构式。如：

(9a) 幸亏刘制台没有理他，说道："蔡某这番话，真是因为吃饭噎了喉咙，连饭都不要吃了。"一面电覆外务部，一面仍派南京陆师学堂学生到日本去游学。(《杭州白话报》1902（30）：1)

(9b) 日昨理藩院奏报，据黑龙家界内的蒙王禀称，说开垦旗地有碍游牧，恳请禁止，以恤蒙民等情。奉旨叫黑龙江的将军查办，旋经程雪帅覆电，说该蒙王故意阻挠，若允其请，恐怕各蒙王全都援例。(《北直农话报》1906（19）：23)

(10a) 有山东义和拳，自称金钟罩红灯照名目，四五十人投效，试以火枪利刃，立时见血伤毙，是妖术全不可信，确凿无疑，而其匪首广树党羽，久蓄逆谋，妄称明裔，妖言煽乱，其为邪教为乱民，有确凿无疑。(《杭州白话报》1901（17）：13)

(10b) 若是一味的把皇室尽忠，自家反要日日夜夜惊心吊胆，同谋逆的差不多险怕，凡是专制国，也都是这个样儿。(《杭州白话报》1902（15）：5)

以上分析了同素异序构式的三种语义类型：等义同素异序构式、近义同素异序构式和相关义同素异序构式。为直观地观察，我们制图5-3：

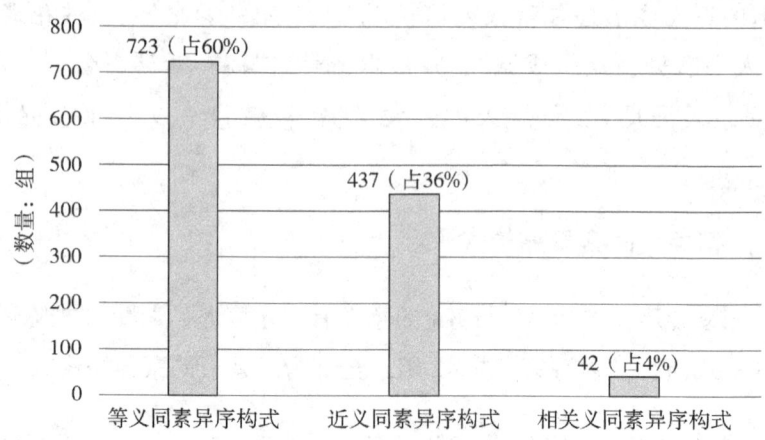

图 5-3 同素异序构式的语义类型

从图 5-3 可看出，等义占绝对主导地位，其次为近义，而相关义较少，这说明清末民初时期等义同素异序构式是较为常见的语言现象。

二、同素异序构式中的语义场

语义场是语义研究的重要术语。它是 20 世纪 30 年代由德国学者特里尔提出的，指义位形成的系统。❶ 语义场就是通过不同词或成语之间的比较，依据这些词或成语义位的相同特点归纳出来的语义类聚。属于同一语义场的所有词或成语具有共同的义素。基于此，我们可以对清末民初同素异序构式进行语义场的分析。不同的同素异序构式之间形成的语义场分为动作语义场、物象语义场、指人语义场、时间语义场、心理语义场和方位语义场等。

动作语义场即表示动作行为的语义类聚，这是同素异序构式的主要语义场。例如：访拿/拿访、分剖/剖分、旅行/行旅、托付/付托、添加/加添、检查/查检、流通/通流、躲闪/闪躲、赏玩/玩赏、申奏/奏申、洗濯/濯洗、讯问/问讯、役使/使役、印刷/刷印、迎送/送迎、映照/照映、运载/载运、增加/加增、瞻仰/仰瞻、招募/募招、支撑/撑支、制裁/裁制、放置/置放、转移/移转、独断独行/独行独断、奔走号呼/号呼奔走、勠力同心/同心勠力、

---

❶ 贾彦德. 汉语语义学 [M]. 北京：北京大学出版社，1999：143.

抓耳挠腮/挠腮抓耳、咬牙切齿/切齿咬牙等。

物象语义场即表示物象的语义类聚。如：流水/水流、羽毛/毛羽、门窗/窗门、米粮/粮米、泥沙/沙泥、污泥/泥污、皮毛/毛皮、石柱/柱石、事物/物事、堂殿/殿堂、珠宝/宝珠、装束/束装、桌椅/椅桌、姿容/容姿、踪影/影踪、渣滓/滓渣、茅草/草茅、蚕丝/丝蚕、风霜/霜风、蛛丝马迹/马迹蛛丝、千山万水/万水千山、良辰美景/美景良辰、琼楼玉宇/玉宇琼楼、飞沙走石/走石飞沙等。

指人语义场即指人的语义类聚。如：尧帝/帝尧、舜帝/帝舜、婢仆/仆婢、人民/民人、绅士/士绅、使女/女使、庶民/民庶、童幼/幼童、祖宗/宗祖、祖先/先祖、夫唱妇随/妇随夫唱、狐群狗党/狗党狐群、红男绿女/绿女红男等。

时间语义场即表示时间的语义类聚。如：昨日/日昨、半夜/夜半、来日/日来、前日/日前、日后/后日、古今/今古、深夜/夜深、先后/后先、夜晚/晚夜、午夜/夜午、起初/初起、早晨/晨早、节令/令节、日期/期日、日新月异/月异日新、光天化日/化日光天、风驰电掣/电掣风驰等。

心理语义场即表示人类心理的语义类聚。其中以含"心"的同素异序构式为主，语素"心"构词或构语力最强，出现39次。全列如下：爱心/心爱、心腹/腹心、心寒/寒心、心焦/焦心、心灵/灵心、心酸/酸心、细心/心细、心愿/愿心、心醉/醉心、痛心/心痛、伤心/心伤、灰心/心灰、安心/心安、动心/心动、甘心/心甘、丹心/心丹、身心/心身、中心/心中、热心/心热、静心/心静、疑心/心疑、心直/直心、心惊/惊心、良心/心良、诚心/心诚、专心/心专、内心/心内、劳心/心劳、多心/心多、惊心吊胆/吊胆惊心、胆战心惊/心惊胆战、伤心惨目/惨目伤心、痛心疾首/疾首痛心、同心同德/同德同心、同心协力/协力同心、触目惊心/惊心触目、勠力同心/同心勠力、回心转意/转意回心、惊心骇目/骇目惊心。

除了"心"类同素异序构式，还有一些同素异序构式表示心理状态，如：悔改/改悔、悔悟/悟悔、惧怕/怕惧、活泼/泼活、急躁/躁急、喜欢/欢喜、怯懦/懦怯、痛苦/苦痛、伤感/感伤、愁苦/苦愁等。

三、构式中 A 与 B 的语义关系

对同素异序构式语义的研究，不仅要比较 AB 与 BA 的义位差异，而且还要探讨内部的 A 与 B 语素义差异。从语义角度而言。A 与 B 的语素义关系按数量多少依次为同义、异义、类义、反义四类，如图 5-4：

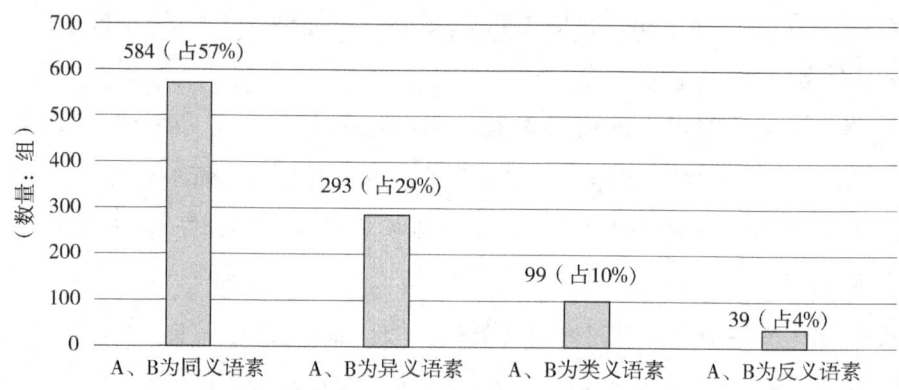

图 5-4　同素异序构式中 A、B 语义的关系

需说明的是，A 与 B 作为同义、类义和反义语素构成的都是并列式双音节合成词，这与前面的结构考察并列式占主导完全符合。

由同义语素构成的同素异序构式如：罗网/网罗、灭绝/绝灭、灵魂/魂灵、武勇/勇武、煎熬/熬煎、庇护/护庇、避忌/忌避、兼并/并兼、捕捉/捉捕、猜疑/疑猜、躲藏/藏躲、喊叫/叫喊、埋葬/葬埋、演讲/讲演、活泼/泼活、急躁/躁急、寂静/静寂、简单/单简、健康/康健、寂寥/寥寂、平坦/坦平、抚摩/摩抚、享受/受享、增益/益增、贡献/献贡、保荐/荐保、跌倒/倒跌等。

由异义语素构成的同素异序构式如：奔逃/逃奔、酬唱/唱酬、断肠/肠断、尧帝/帝尧、舜帝/帝舜、痛悼/悼痛、访拿/拿访、急救/救急、缩短/短缩、急性/性急、心寒/寒心、心焦/焦心、心灵/灵心、心酸/酸心、细心/心细、心愿/愿心、心醉/醉心、痛心/心痛、伤心/心伤、灰心/心灰、安心/心安、动心/心动、甘心/心甘、丹心/心丹、身心/心身、中心/心中等。

由类义语素构成的同素异序构式如：叩拜/拜叩、背脊/脊背、景物/物

景、泥沙/沙泥、污泥/泥污、颜面/面颜、裙钗/钗裙、肝肺/肺肝、绮罗/罗绮、虎狼/狼虎、肚肠/肠肚、衣冠/冠衣等。

由反义语素构成的同素异序构式如：来往/往来、屈伸/伸屈、生死/死生、迎送/送迎、古今/今古、先后/后先、吉凶/凶吉、异同/同异、长短/短长、问答/答问、乾坤/坤乾、贵贱/贱贵、祸福/福祸、始终/终始、供支/支供、轻重/重轻、优劣/劣优、尊卑/卑尊、荣辱/辱荣、大小/小大、东西/西东、寒暑/暑寒、来去/去来、离合/合离、买卖/卖买、深浅/浅深、授受/受授等。

总之，在词义上，清末民初同素异序构式中等义占一半以上，其他为近义和相关义；同素异序构式中 A 与 B 的语素义分为四类，按数量多少分别为同义、异义、类义和反义；从语义场角度，同素异序构式中出现的较有代表性的包含动作语义场、物象语义场、指人语义场、时间语义场、心理语义场等。

第三节 同素异序构式的语用考察

本节将从同素异序构式的语用类型、来源分类、时代分类及双序数量比较等方面作一阐述，力图勾勒出清末民初同素异序构式的语用面貌。

一、同素异序构式的语用类型

同素异序构式根据 AB 与 BA 出现是否受到修辞因素的影响分为两类：固定同素异序构式和临时同素异序构式。

（一）固定同素异序构式

固定同素异序构式指 AB 与 BA 的出现都不受语体和修辞因素的影响。例如：

（1a）兄弟今天很<u>喜欢</u>，来与诸君讨论这爱国的题目，论到今天的题目，字不多，话不长，一个爱字，一个国字，就是爱国，虽然题目仅仅有两个字，但这两个字的关系，可实实的不在小处，一国的兴衰存亡都是与这两个字的命脉相关呢。(《安徽通俗公报》1910 (1)：21)

(1b) 东西洋各国的人，都知道看报的好处，无论男女老少，没有不看报的，所以他们虽是做极低微行业的妇人，五六岁的小孩子，都明白世界的大势，倘使本国同别国的交涉，得了便宜，人人<u>欢喜</u>，受了羞辱，人人忿恨，要想报复，所以国度能强起来。(《吴郡白话报》1904 (1)：2)

(2a) 英人因为行船太慢，就在海底开一条铁路，预备火车行走，起先从北根海开工，至九年之久，工程还不能完结，因改由两头齐开，<u>添加</u>机器。(《中国白话报》1904 (15)：46)

(2b) 杭州恒丰烟栈，是宁波陈姓，开张有年，生意兴隆，真是日进纷纷，大赚铜钱，但是买烟的人，每每要搭用红铜小钱。栈主人意思，想要把这项小钱禁止不用，个个收用康熙乾隆道光大钱，那利息好格外<u>加添</u>。(《杭州白话报》1901 (11)：3)

例（1）中"喜欢/欢喜"与例（2）中"添加/加添"皆属于固定同素异序构式。再如：安慰/慰安、煎熬/熬煎、败退/退败、保管/管保、搭配/配搭、来到/到来、盗窃/窃盗、痛悼/悼痛、托付/付托、检查/查检、减轻/轻减、结交/交结、解剖/剖解、介绍/绍介等。

(二) 临时同素异序构式

临时同素异序构式指两序中一序的出现有修辞因素的动因，有的因押韵平仄而异序，有的出于求新求异的心理而异序。例如：

(3a) 况且拳匪作乱的时候，中国四百兆人，表<u>同情</u>的，都有三百九十兆。可不是现在中国的宗教，都是共拳匪一样的呢。(《中国白话报》1904 (14)：16)

(3b) （帮武生唱）却原是，大豪杰，心存保种，慰鄦人，平生愿，大表<u>情同</u>，可恨着，那狼差，无端拘控，媚官场，害贤士，困在樊笼。(《中国白话报》1904 (8)：52)

(4a) 列位不可看轻了，不知不觉的把身体蹧坏，那就可惜的很哩。还有夜里睡眠的被褥，也是和衣服一样，要选温暖的毛布，要柔软，要粗松，要常时<u>洗濯</u>干净。(《安徽俗话报》1904 (13)：24)

(4b) 诸君，想主战之时，何等勇猛，绝不料有今日之求和，此耻虽西江水，不能<u>濯洗</u>，今驻兵一条，万不可允。依某愚见，我等元老贵族，按公法，应极力向土国争回，或可废去此条（坠白）公道迂谕也。(《安徽俗话报》1904 (13)：33)

例（3）中"同情/情同"与例（4）中"洗濯/濯洗"皆属于临时同素异序构式，前者把"同情"异序为"情同"是为了与"种、控、笼"一起押"ong"韵，达到韵律和谐的目的。后者把"洗濯"异序为"濯洗"是为了求新求异。再如：磋磨/磨磋、奉陪/陪奉、祈祷/祷祈、睡眠/眠睡、惺松/松惺、招募/募招、活泼/泼活、俊俏/俏俊、希奇/奇希、愚蠢/蠢愚、尺寸/寸尺等。

总之，清末民初白话中，固定同素异序构式占据绝大多数，少数为临时同素异序构式。这说明同素异序构式的产生有的受到修辞因素的影响。

二、同素异序构式的来源分类

所谓本土词汇是指一种语言或方言中特有的本民族的词汇，外来语词汇就是借词（loan words）的词汇。任何一种语言都有本土词和外来语词，除非这种语言与世隔绝，与任何别的语言都没有接触，只要有语言之间的接触，就会有词语的借用。❶ 基于此，我们认为清末民初同素异序构式也可以分为本土同素异序构式和外来同素异序构式两类。

（一）本土同素异序构式

经过考察，清末民初同素异序构式绝大多数属于此类。例如：

---

❶ 崔希亮. 语言学概论 [M]. 北京：商务印书馆，2009：199.

(5a) 大禹既管天下，三年之后，亲到四方巡查一切，走到浙江会稽地方，招呼远近诸侯，都来朝会，这时无论中国四夷，各路诸侯，都有几分惧怕禹王的威德。(《安徽俗话报》1904 (5)：11)

(5b) 看过这部书，亚细亚洲的国，都要惊心吊胆，我们中国，格外要吊胆惊心，知道怕惧，便应该同心合力，想个保国的法子，这是看俄皇大彼得遗训的益处。(《杭州白话报》1902 (33)：4)

(6a) 到如今，还不见，草泽英豪，好让那，虎狼秦，多行凶暴，只苦了，众百姓，受尽煎熬，我想把，专制君，一脚踢到，我想把，秦嬴政，万剐千刀，我想把，好乾坤，重新拘造，我想把，秦苛法，一律勾消，本是我，祖国仇，理应当报，恨不能，学专诸，刺杀王辽。(《中国白话报》1903 (2)：54)

(6b) 到审判的时节，这壮士大声叫道，天！天！！奈何人也，天！！你怎么助强欺弱，把我文明古国，百样熬煎！我好恨啊！恨的是，我国民不能够发愤自强，恢复我有光荣的千年祖国。我好怒啊！怒的是，英吉利只晓得横行霸道。(《杭州白话报》1902 (29)：9)

类似的本土同素异序构式还如：奔逃/逃奔、庇护/护庇、变更/更变、考查/查考、来到/到来、发生/生发、跪拜/拜跪、喊叫/叫喊、行销/销行、下降/降下、结交/交结、竞争/争竞、救援/援救、开放/放开、来往/往来、怜爱/爱怜、练习/习练、恋爱/爱恋、灭绝/绝灭、折磨/磨折、派遣/遣派、平均/均平、劝解/解劝、杀生/生杀、失散/散失、送葬/葬送、统一/一统、吞并/并吞、讯问/问讯、寻找/找寻、摇动/动摇、印刷/刷印、增加/加增、阻拦/拦阻、悲伤/伤悲、便利/利便、光荣/荣光、和平/平和、要紧/紧要、空虚/虚空、东亚/亚东、名声/声名。

(二) 外来同素异序构式

一种语言受另一种语言的影响因而出现词语"借用"（borrowing）的现象，这是由历史的原因造成的；民族间的战争、征服、贸易往来和文化交流都能导致不同语言的相互接触、互相影响，进而促成它们之间词语的借用。

由于具体的历史条件的变化，一种语言在不同的时期所吸收的外语词的数量也是不相同的，有时吸收得很多，有时却吸收得较少。❶ 在清末民初时期，由于国门大开，大批留学生赴近邻日本求学，这使得汉语不可避免地受到日语的一定影响。据沈国威（2010）考察，日语的近代词汇体系在明治20年代后期（即进入19世纪90年代以后）随着"言文一致"的实现即告大体完成，其后日语转入了向汉字文化圈输出新词的阶段。❷ 在这一阶段，日语中一些同素异序构式也输入到汉语中。例如：

（7a）在那演说的名家，他何常不时时刻刻想把自己心得讲给大众听听，所苦在靡有人介绍，不便冒昧自荐，所以在下说学校学生，果能练习演说，就用演说会名义介绍演说名家，这演说名家，自然不远千里而来，并且学校果能利用<u>介绍</u>演说的联合，这学校教育自然声价十倍。（《吉林通俗教育讲演稿范本》1916（6）：14）

（7b）近来上海新书店却也不少，其实好的新书有限，大半都是狗屁不通的，若错买了书也是上当得利害，我今特在《中国白话报》里面添设文明<u>绍介</u>一门，你列位细细的看一番，走到上海就不怕没把握了。（《中国白话报》1904（6）：65）

（8a）夏天打雷阵雨时候，空中闪烁有光，忽来忽去，连那<u>黑暗</u>房屋都照同白昼一般，这光不是叫做电光么？有人说，天上管理闪电的，是一位女菩萨，手中捏着一面明亮的铜镜，向着下界一闪，便是电光。（《杭州白话报》1901（22）：11）

（8b）再过十二天，蛆渐长成，头鼻翼足也都生全了，是为第三回变像，它的颜色，一天一天现出<u>暗黑</u>的颜色，至此遂全变成蜂了，用颐将盖弄破，约半点钟，便脱身出来。（《中国白话报》1904（21-24）：85）

类似的外来同素异序构式还如：和平/平和、开展/展开、政法/法政、语

---

❶ 张永言. 词汇学简论·训诂学简论[M]. 上海：复旦大学出版社，2015：86.
❷ 沈国威. 近代中日词汇交流研究：汉字新词的创制、容受与共享[M]. 北京：中华书局，2010：13.

言/言语、限制/制限、健壮/壮健、痛苦/苦痛、光荣/荣光、平均/均平、声音/音声、野蛮/蛮野。

三、同素异序构式的时代分类

清末民初同素异序构式根据时代划分为承继和新生两类，前者是指同素异序构式是从上古、中古或近代汉语中承继下来的，后者是指同素异序构式是清末民初时期新产生的。

（一）承继同素异序构式

经过考察，清末民初同素异序构式较多属于承继类型。例如：

（9a）今者之计，宜屈己伸人，托命归汉，东西俱举尔，乃可克定师党耳。深思鄙言，若愚计可从，宜使汉军克制期要，使六合校考，与周、召同封，以<u>托付</u>儿孙。（《三国志》卷二十八）

（9b）且如要从师，须看得那人果是如何。又如委托人事，若是小小事要<u>付托</u>人，尚可以随其所长，交付与他。若是要成一件大事，如何不见得这人了，方付与！（《朱子语类》卷二十四）

（10a）他每说少有不交裁减，只依旧<u>留存</u>。（《元典章·圣政二·体察》）

（10b）夫人语大王曰：占看气色，道奴身亡，却后七朝，已过两日。臣今恐命定不<u>存留</u>，暂拟皈舍，辞别父母，伏原帝听，放奴归家。（《敦煌变文》）

类似的承继同素异序构式还如：煎熬/熬煎、败退/退败、保管/管保、保全/全保、奔逃/逃奔、逼近/近逼、庇护/护庇、避忌/忌避、变更/更变、兼并/并兼、捕捉/捉捕、猜疑/疑猜、裁剪/剪裁、躲藏/藏躲、喜欢/欢喜、惶恐/恐惶、悔改/改悔、悔悟/悟悔、积蓄/蓄积、急救/救急、计算/算计、祭奠/奠祭、寄托/托寄、结交/交结、敬爱/爱敬、敬奉/奉敬、救援/援救、居住/住居、举荐/荐举、惧怕/怕惧、开放/放开、怜爱/爱怜、练习/习练、恋爱/爱恋、流通/通流、泄漏/漏泄、统一/一统、湍急/急湍、退却/却退、围攻/攻围、讯问/问讯。

(二) 新生同素异序构式

(11a) 前两天的报上，已经说过好几次，今天又把他述说一遍，是为什么呢，因为吴幼舲观察创办义赈善会，各路<u>募捐</u>，补救官赈所不足，用意甚善，初办的时候，知道的人很少，在各报上登印捐启，传告大家。(《京话日报》1905 (1)：30)

(11b) 了凡有这万金做了底子，再到各绅户处去<u>捐募</u>，居然凑到三万金，有了钱，办事自然容易，就在阊门外面，买定一处地基，不上数月，大殿造成。(《绣像小说》1905 (54)：1)

(12a) 巴律西也是信教的人，而且要把自己的议论传布开来，后被仇人算计，害他落了<u>监牢</u>，打算用火烧杀，幸亏遇着机会，大赦出来，从此著书把制造瓷器的法子告诉世人。(《杭州白话报》1902 (3)：5)

(12b) 明日小姐同我去报了警察，多派些能干侦探出来，怕他飞上天去，捉住了他，非但追回了小姐的宝物，怕也不受五年十年的<u>牢监</u>。凤美道，我断不肯因为我这点点东西，叫喜君去受罪，报警察一节，我断不做，喜君虽然得了些宝石首饰，却被先生知道了。(《新小说》1904 (73)：2)

类似的新生同素异序构式还如：捕拿/拿捕、札委/委札、存储/储存、筹借/借筹、笨重/重笨、革斥/斥革、女婢/婢女、赈捐/捐赈、查访/访查等。

四、同素异序构式的两序数量比较

(一) 同素异序构式以其中一序为主

经过考察，大多数清末民初同素异序构式使用时以其中一序为主，反映出此阶段同素异序构式使用上具有一定的倾向性。例如：

(13a) 这伦理书里头，把国家伦理看得顶重，"国家"二字怎样解说，国家的界限怎样分别出来，我们大家对这国家应该怎样的<u>担承</u>，都说得明明白白。(《中国白话报》1903 (3)：38)

(13b) 天下是我们百姓的天下，那些事体全是我们百姓的事体，可是办起事来不能够没有钱，所以纳税完粮是我们百姓应该<u>承担</u>的责任。(《中国白话报》1903 (1)：3)

(14a) 上回说过，讲究卫生是救国的要务。上回是第一次，不过略讲大意，往下说去还有许多好文章咧。是什么好文章呢？原来花团锦簇的世界，是人做出来的。人的力量，是靠着身子<u>康健</u>才发的出。要身子康健，先要讲免病的方法。免病的方法，岂不是好文章么！(《安徽白话报》1908 (6)：5)

(14b) 看护<u>健康</u>，即是维持人民之健康，以防疾病之传染，此事属于卫生警察。如住户污秽物，必由警察督催扫除，遇有传染病，必受警察之检查。(《法政浅说报》1911 (5)：17)

(15a) 后面一个满兵，拿刀追赶，正要追着，满兵看见我们，就撇了那人来捉我，我急极望下<u>奔逃</u>。(《中国白话报》1904 (18)：44)

(15b) 看了一会，晓得大势不好，也不暇顾这些兵将的了，便急急的引了几个亲随的人，望营后退走，清帅一退，陈势登时大乱，兵士们个个争先恐后的没命<u>逃奔</u>。(《杭州白话报》1902 (28)：55)

(16a) 阿梨闻说此报，又搜着土帝派来的刺客，便呼呼的大怒道："我披肝沥胆，报效土国，并没有亏负土帝，何以土帝<u>猜疑</u>？"(《杭州白话报》1902 (16)：3)

(16b) 占亚洲东边一块大地，名号叫中国。这个中国，可是我们中国呢，还另是一个中国呢？拿前一个富国看来，各样的矿产都有，恰是我中国。拿后一个穷国看来，一定<u>疑猜</u>一样矿产也没有，绝不是指着我中国说。(《第一晋话报》1906 (4)：35)

(17a) 入了函关，坐了当朝，戛羹侯犹子封高，天子贵阿翁洒扫，<u>富贵荣华</u>用个饱，直到孝平朝，才被个假周公图骗了。(《安徽

白话报》1909（2）：28）

(17b) 算的时候，我可并不知道那个的八字，到后来方才有人告诉我说是年羹尧大将军的八字。那时，我自己还不相信，怎么像年大将军那样荣华富贵会过刀而死呢。这个八字一定是算得不灵了，一定是我的工夫不精了。（《新小说》1903（106）：7）

(18a) 原来的信上说本报是暮鼓晨钟，实在不敢当，就用这四个字"奉赠来稿"，添改的地方，如有不对意思的，还请指教。（《京话日报》1905（4）：18）

(18b) 列位，我曾记得第一年白话报，载变俗篇，内有一篇说吃鸦片烟的害处，洒洒洋洋，好似晨钟暮鼓，但是列位要晓得外国人吃酒，其害处和我们中国吃鸦片烟一般，等到一上了瘾，真真连自己也不晓得自己。（《杭州白话报》1902（6）：1）

(19a) 却说那如虎如狼的幕府，把长洲的三宰臣、五公卿杀的杀，逐的逐，打得个落花流水。（《杭州白话报》1902（2）：3）

(19b) 甲午那一年，皇太后刚刚高兴做六旬万寿，碰着日本来捣鬼，败得流水落花，赔兵费二百兆，把台湾也割去了，因此万寿做不成功。（《中国白话报》1904（5）：49）

(20a) 百姓们的平日里东捐西税，已经闹得山穷水尽，那里还有几个闲钱来贡献呢？若是活逼着百姓都要贡献，恐怕还要惹出大祸来了。（《杭州白话报》1903（13）：36）

(20b) 恰有一位壮士，姓高杉，名晋作，听说恭顺党议论，愤然道："这不是要永远做奴隶吗？这班没志气的东西，还不杀个干净吗？现在到这水尽山穷的地步，还不肯齐心合力倾覆那幕府吗？"（《杭州白话报》1902（2）：3）

以上同素异序构式的主导一序依次是"担承""康健""奔逃""猜疑""富贵荣华""暮鼓晨钟""落花流水""山穷水尽"，而它们相对应的"承担""健康""逃奔""疑猜""荣华富贵""晨钟暮鼓""流水落花""水尽山穷"则处于弱势，我们称前者为强势素序，后者为弱势素序。

类似的同素异序构式再如：查考/考查、欢喜/喜欢、援救/救援、绝灭/灭绝、磨折/折磨、挪移/移挪、找寻/寻找、急躁/躁急、酸辛/辛酸、菜蔬/蔬菜、声名/名声、查勘/勘查、省俭/俭省、察勘/勘察、养赡/赡养、旅行/行旅、惶恐/恐惶、竞争/争竞、迷失/失迷、平均/均平、屈伸/伸屈、顺从/从顺、损伤/伤损、悲伤/伤悲、寂寥/寥寂、穷困/困穷、野蛮/蛮野、长久/久长、心焦/焦心、安心/心安、朋友/友朋、昨日/日昨、分毫/毫分、凡是/是凡、应酬/酬应、疑心/心疑、爽快/快爽、察访/访察、颜面/面颜、敌忾同仇/同仇敌忾、玉洁冰清/冰清玉洁、眈眈虎视/虎视眈眈、人情风俗/风俗人情、神工鬼斧/鬼斧神工、匿迹销声/销声匿迹、义断恩绝/恩断义绝、搔耳抓腮/抓耳搔腮等。

（二）同素异序构式双序基本一致

考察发现，一些同素异序构式 AB 与 BA 使用数量基本一致，两序处于较强的竞争状态。例如：

(21a) 刑法即我国所谓刑律，就字义而言，可以谓刑法为刑人之法，或刑人之律，然此非正当之定义。按各国刑法中，均含有两种意义：一则定如何行为为犯罪（例如杀人、盗窃、抢劫之类）。二则既犯罪时，应科以如何之刑罚（例如罚金、拘役、徒刑、死刑之类）。(《法政浅说报》1911 (23)：29)

(21b) 今举例以明之，例如某甲杀害某乙之生命，某乙即为被害者，某乙之生命即为被害物体。如某乙窃盗某甲之金钱衣物，某甲为被害者，某甲之金钱衣物即为被害物体。(《法政浅说报》1912 (34)：7)

(22a) 听说驻京法国钦差，限十日内肃清云南土匪，如若迟延，便派兵入关代剿，听说限期系从华历五月初一日起至初十日止。(《杭州白话报》1902 (24)：2)

(22b) 我问他现在可不可以登岸，他道我不能做主，须回公事房商议，如大家应允了，即当听你登岸，决不延迟。(《安徽俗话报》

1904（5）：39）

（23a）本国历史，总要简洁易记，但讲到英雄义士的事实上，切要痛快淋漓，不可略过。（《第一晋话报》1906（7）：10）

（23b）无知愚民，都管贵报叫洋报，我听了就生气（不必），又可笑，又可怜。报上的演说，如同暮鼓晨钟，入理入情，淋漓痛快。（《京话日报》1905（4）：18）

类似的同素异序构式再如：恋爱/爱恋、制裁/裁制、财货/货财、弹药/药弹、毁谤/谤毁、碰撞/撞碰、告归/归告、皇天后土/后土皇天、分崩离析/离析分崩等。

总之，清末民初同素异序构式呈现出特有的语用面貌。具体表现在以下方面：根据是否受到修辞因素的影响可分为固定同素异序构式和临时同素异序构式两种类型；根据来源标准可分为本土同素异序构式和外来同素异序构式；根据时代标准分为承继同素异序构式和新生同素异序构式；根据双序使用的数量比较可分为两类，大多数以其中一序为主导，少数双序使用基本一致。

第四节 清末民初同素异序构式产生的动因

本节阐释清末民初同素异序构式产生的动因，以双音节同素异序构式为例说明。作为汉语中自上古至现代一直存在的语言现象，"同素词的起源是和合成词总的起源同样古老的"[1]。学术界对它的研究多集中在共时描写和历时演变上，不过围绕同素异序构式还有一些理论问题未得到圆满的解决。正如郑奠先生所言："古汉语中的某些双音词为什么会有字序对换的现象，这种现象在语言中起什么作用，这是不是汉语发展中的必然现象，这些理论性的问题是值得深入探讨的。"[2] 汉语中的双音词为什么会有异序的现象，这个问题

---

[1] 丁勉哉. 同素词的结构形式和意义的关系 [J]. 学术月刊, 1957（2）.
[2] 郑奠. 古汉语中字序对换的双音词 [J]. 中国语文, 1964（6）.

可以换则表述即同素异序构式产生的原因。对于同素异序构式产生的动因，研究较多的学者有张巍（2005）、丁喜霞（2006）、曲彦斌（2012）、李娜（2013）等。学者们多在考察某一历史时期同素异序构式的基础上试图发现其产生的一般规律。以上学者的研究为进一步探讨提供了重要的基础。基于此，我们在相关研究的基础上探讨同素异序构式产生的动因，下文从内部因素和外部因素两方面进行阐述。

一、内部因素

同素异序构式是汉语中一种较为重要的语言现象，在清末民初时期大量出现。我们认为同素异序构式的产生具体表现在词汇因素和修辞因素两方面。

（一）词汇因素是同素异序构式产生的主要动因

1. 复音化为同素异序构式的产生提供背景条件

汉语的词汇复音化是指在汉语的发展过程中，复音词逐渐取代单音词而占据词汇系统优势地位的演进过程。❶ 从单音词为主发展为复音词为主，是汉语词汇从古至今发展的历史趋势，而且经过了一个漫长的历史过程。

汉语为什么走上复音化的道路？许多学者认为语音系统的简化导致汉语的复音化。王力（1958）认为汉语复音化有两个主要的因素，第一是语音的简化；第二是外语的吸收。……单音词的情况如果不改变，同音词大量增加，势必大大妨碍语言作为交际工具的使用。汉语的词逐步复音化，成为语音简化的平衡锤。❷ 吕叔湘（1963）也认为语音的简化是汉语复音化的主要动因。他说："为什么现代汉语词汇有强烈的双音化的倾向？同音字多应该说是一个重要原因。由于语音的演变，很多古代不同音的字到现代都成为同音字了，双音化是一种补偿手段。"❸ 也有部分学者如程湘清（2008）不同意汉语走向复音化的主要原因是语音系统的简化。他认为，"这是因果倒置了。应当说，

---

❶ 邱冰. 中古汉语词汇复音化的多视角研究［M］. 南京：南京大学出版社，2012：2.
❷ 王力. 汉语史稿［M］. 北京：中华书局，1980：342.
❸ 吕叔湘. 现代汉语单双音节问题初探［C］//汉语语法论文集（增订本）. 北京：商务印书馆，1999：440.

正是词语的复音化主要是双音化在先才导致了语音系统的简化"❶。胡运飚（1997）认为，"汉语词汇复音化是在语音简化前早就存在的事实，所以语音简化引起词汇复音化的观点是站不住脚的。汉语语音出现明显简化的年代，……是在唐末宋初"❷。

我们认为，汉语复音化的原因是多元的，既有语音简化的动因，又有语义明确化的要求。语音系统的简化使得同音词大量增加，给语言带来较大困难；由于人类对客观事物的认识日益深入，一些新事物、新概念由单音节词来表达已经达不到要求，因而语音与语义的双重需要都迫切需要原有的单音词延长音节，拉伸词长，而复音词成为必然的选择。汉语复音化是语言系统内部调整的结果，主要指语言作为一个符号系统，各个子系统之间处于相对平衡的状态，由于语音子系统逐渐简化，破坏了原有的系统平衡，这导致词汇子系统发生调整与变化，从而保持语言系统内部相对的平衡与稳定。

"复音化的各种构词法萌芽于西周早期，发达于春秋战国。"❸ 春秋战国时期是汉语复音化迅速发展的第一个时期，东汉时复音化步伐大大加快，唐代时以复音词为主的汉语词汇系统已建立，而发展到现代汉语中复音词已经占据主体地位。对于复音化如何为同素异序构式提供背景条件，我们认为，汉语复合词的形成需要长期凝结的过程，尤其是并列式复合词，刚开始其内部结合并不稳固，素序出现两可的情况，这就为同素异序构式的形成提供了可能。这种现象在不同历史时期都有出现。

上古时期已经有复音化的萌芽，出现了大量的双音词。指人的如"庶民、人民、农夫、伯父、孝子、老夫、文人、妇人、君子、小人"等；指物的如"枝叶、大风、疆土、股肱、武功、阴阳、鸿雁、苍天、衣服、逸言、织女、是非、得失、诏令、功课、权势、道德"等；陈述动作行为的如"经营、奔走、往来、颠覆、饮食、内讧、沸腾、反覆、征伐、讨论、润色、存亡、攻击"等。而在众多双音词中，产生了一些同素异序构式。例如：

---

❶ 程湘清. 汉语史专书复音词研究（增订本）[M]. 北京：商务印书馆，2008：37.
❷ 胡运飚. 汉语词汇复音化原因的哲学探索——兼谈语音简化说和吸收外语词汇说的失误及语音简化的原因 [J]. 贵州民族学院学报（社会科学版），1997（1）：72.
❸ 董秀芳. 词汇化：汉语双音词的衍生和发展（修订本）[M]. 北京：商务印书馆，2011：9.

(1a) 民人所食，人有若干步亩之数矣，计本量委则足矣。然而民有饥饿不食者何也？谷有所藏也。人君铸钱立币，<u>民庶</u>之通施也，人有若干百千之数矣。然而人事不及、用不足者何也？利有所并藏也。(《管子·国蓄》)

(1b) 经始灵台，经之营之。<u>庶民</u>攻之，不日成之。经始勿亟，庶民子来。(《诗经·大雅·灵台》)

(2a) 天下闻之曰："神哉齐桓公，天使使者临其郊。"不待举兵，而朝者八诸侯。此乘天威而动天下之道也。故智者<u>役使</u>鬼神而愚者信之。(《管子·轻重丁》)

(2b) 说虽未大行，田赞可谓能立其方矣。若夫偃息之义，则未之识也。管子得于鲁，鲁束缚而槛之，<u>使役</u>人载而送之齐，皆讴歌而引。(《吕氏春秋·顺说》)

上古时期出现的同素异序构式还有"家室/室家、敬爱/爱敬、根本/本根、爱憎/憎爱、仪表/表仪、平安/安平、言辞/辞言、雌雄/雄雌、长短/短长、尺寸/寸尺、孝慈/慈孝、摇荡/荡摇、动心/心动、斗争/争斗、符合/合符、恭敬/敬恭、告诉/诉告、何如/如何、伤害/害伤、山河/河山、忌讳/讳忌、祸患/患祸、殃祸/祸殃、祸灾/灾祸、计谋/谋计、进前/前进、离散/散离、平均/均平、兰芷/芷兰、劳罢/罢劳、平治/治平、性情/情性、蛮夷/夷蛮、羽毛/毛羽、劝赏/赏劝、尚犹/犹尚、始终/终始、众人/人众、同异/异同、说议/议说、声音/音声、威严/严威、伪诈/诈伪、运转/转运"。

魏晋南北朝时期，社会急剧动荡，民族加速融合，这导致经济、政治、文化等方面发展迅速，发展的结果是大量需要命名的新兴事物出现。而上古时期原有的单音节词远远不能满足社会的需要，因此，复音化成为重要的历史趋势。可以说中古时期是复音化的快速发展时期，复音词所占比例大幅提高，出现的复音词如"伴侣、长短、波涛、疾病、刻苦、利害、扫除、树木、头领、依靠、约束、陨落"等。同素异序构式相应的数量也逐渐增多，比如史书《宋书》中，张巍（2005）统计后发现双序共现的同素异序构式出现494组，共988个，占11689个复音词的8.5%，整个中古时期的同素异序构式达到1464组。❶ 可见复音化的快速发展这一背景条件为大量同素异序构式的产生提供了可能。例如：

(3a) 今朝廷纯仁，遵道显义。并包书林，圣风云靡。英华<u>沉浮</u>，洋溢八区。普天所覆，莫不沾濡。士有不谈王道者，则樵夫笑之。(《全汉文》)

(3b) 又恐人之离本就末也。故言道而不言事，则无以与世<u>浮沉</u>；言事而不言道，则无以与化游息。(《淮南子》)

(4a) 乃封良为留侯。及萧何等其余功臣，皆未封。群臣自疑，恐不得封，咸不自安，有<u>摇动</u>之心。(《新序》)

(4b) 大王之威，行于天下山东。弊邑恐惧慑伏，缮甲厉兵，饰车即，习驰射，力田积粟，守四封之内，抽签居慑处，不敢<u>动摇</u>，唯大王有意督过之也。(《战国策》)

中古时期出现的同素异序构式还有"安宁/宁安、报答/答报、详备/备详、隐藏/藏隐、野草/草野、诚恳/恳诚、挫伤/伤挫、调役/役调、栋梁/梁栋、纠纷/纷纠、感化/化感、耕田/田耕、豪强/强豪、豪率/率豪、缓急/急缓、荐举/举荐、奖劝/劝奖、解释/释解、俭素/素俭、捐弃/弃捐、截割/割截、俊朗/朗俊、楷模/模楷、老慰/慰老、壮烈/烈壮、治疗/疗治、论说/说论、杀戮/戮杀、勇猛/猛勇、朴素/素朴、气血/血气、欺诈/诈欺、器物/物器、容颜/颜容、盛衰/衰盛、诱说/说诱、逃亡/亡逃、文艺/艺文、宪章/章宪、威严/严威、心愿/愿心、议奏/奏议"等。

汉语发展到近代时期，复音化的步伐加快，复音词的数量大大增加，构词类型比较完备，从构造方式上看，可分为偏正式、附加式、并列式、动宾式、补充式和主谓式六种结构类型。祝敏彻（2007）考察《朱子语类》中的复音词，共计2385个。其中联合式1261个，占52.9%，偏正式318个，占13.3%。❷ 陈明娥（2005）对《敦煌变文》的复音词进行研究，并与中古汉

---

❶ 张巍. 中古汉语同素异序词演变研究 [D]. 上海：复旦大学，2005.
❷ 祝敏彻. 论复音词与结构的关系 [C] //祝敏彻汉语史论文集. 北京：中华书局，2007：212-213.

语相比，发现多音词的数量有了显著发展，在各词类中的分布趋向平衡，多音词的语义内容更加丰富，结构类型有很大突破，语法功能进一步完善。❶ 近代汉语中大量复音词为同素异序构式的产生提供了重要条件。例如：

(5a) 包公再提严审，黄宽不能隐，遂招服焉。叠成文卷，问宽偿命，追钱殡葬，付悍娘收管；复根究出邵秀买嘱吏告陷害之情，决配远方充军；将悍娘令亲人收领，每月官给库银若干赡养度日，以便养活，终身守节，以全其烈志。(《包公案》)

(5b) 只见那小猴子手里拿着个柳笼簸箩儿，正籴米回来。武二便叫郓哥道："兄弟！"唱喏。那小厮见是武二叫他，便道："武都头，你来迟了一步儿，须动不得手。只是一件，我的老爹六十岁，没人养赡，我却难保你们打官司。"(《金瓶梅》)

(6a) "若不早除了他，如虎生翼，我子孙难保不受其害，孩儿可有摆布他的计策么？"(《鸣凤记》)

(6b) 薛霸骂道："你便闭了鸟嘴！老爷自晦气，撞着你这穷神！沙门岛往回六千里有余，费多少盘缠，你又没一文，教我们如何布摆？"(《水浒传》)

近代时期出现的同素异序构式还有"答问/问答、勉强/强勉、会合/合会、战斗/斗战、尘埃/埃尘、挫折/折挫、挣扎/扎挣、把守/守把、歇宿/宿歇、熟识/识熟、路途/途路、音信/信音、共同/同共、问候/候问、本钱/钱本、学习/习学、狭窄/窄狭、猜疑/疑猜、检点/点检、客人/人客、慰问/问慰、安抚/抚安、镇压/压镇、嘱咐/咐嘱、方才/才方、耻笑/笑耻、报告/告报、途程/程途、认识/识认、见证/证见、战功/功战、嗟叹/叹嗟、人从/从人、酱油/油酱、调唆/唆调、劳动/动劳、备办/办备、率领/领率、腾倒/倒腾、骂嚷/嚷骂、吵闹/闹吵、妇女/女妇、哭啼/啼哭、纸钱/钱纸、人家/家人、红花/花红、里头/头里、箱笼/笼箱、扯淡/淡扯、因为/为因、皇帝/帝皇、搂抱/抱搂、使女/女使、新近/近新、厚爱/爱厚、节令/令节、玩耍/耍

---

❶ 陈明娥. 从敦煌变文多音词看近代汉语复音化的趋势 [J]. 敦煌学辑刊, 2005 (1).

玩、昨日/日昨、稀罕/罕稀、盼望/望盼、保举/举保、逐日/日逐、做作/作做、家火/火家、正经/经正、瞻顾/顾瞻、花翠/翠花、问讨/讨问、口声/声口、着紧/紧着、乞望/望乞、奉补/补奉、晚夕/夕晚、甘苦/苦甘、桌椅/椅桌、左右/右左、愿醮/醮愿、计较/较计、看见/见看、顽耍/耍顽、减少/少减、携带/带携、权且/且权、泪珠/珠泪、虽故/故虽、齿序/序齿、路径/径路、文牒/牒文、法术/术法、势头/头势、面门/门面、安宁/宁安、悍勇/勇悍、奸诈/诈奸、背反/反背"。

　　清末民初处于近代汉语向现代汉语的过渡时期，它在汉语发展历史上起着承前启后的重要作用，它既是近代汉语到现代汉语的过渡阶段，也是现代汉语的前发展阶段。这一时期文白演变是汉语的重要变化。文言与白话作为同一语言在发展演变过程中的两种不同表现形态，区别是局部的、有限的，而基础是根本的、共同的。❶ 除了文言向白话演变外，清末民初的汉语还受到地域方言及中外语言接触等因素的影响，复音词的数量急剧增加，相应地处于汉语过渡时期的同素异序构式就大量产生了。这一时期也出现"东亚/亚东、募捐/捐募、监牢/牢监、会商/商会、捕拿/拿捕、札委/委札、存储/储存"等同素异序构式。例如：

　　（7a）看官，你看东亚这么个好地方，他国君和民竟不懂得未雨绸缪，断送在异种人的手里，你道可惜不可惜哩。（《第一晋话报》1906（6）：17）

　　（7b）我捧出了心肝，喊破了喉咙，总愿我全部的国民，融合了四万万的精神，造出个庄严国土耀亚东。（《杭州白话报》1902（7）：1）

　　（8a）捕厅又饮了两口茶，才慢慢的细开谈判，说本县富户以老先生府上为第一，名誉也以老先生为最大，这次为学堂募捐，原是地方公益的事。（《法政浅说报》1911（25）：43）

　　（8b）所以这笔电报费和自己到上海接洽的交际费都是垫用的，

---

❶ 徐时仪. 近代汉语词汇学［M］. 广州：暨南大学出版社，2013：255.

大概蔡锷是行之的冤家。这起义一声东南几省都生了个影响,拜耕这种费本想向各界捐募充用,自己还可讨些光。(《小说画报》1919(21):168)

2. 同义语素大量共现,为同素异序构式产生提供了物质基础

汉语复音化为同素异序构式的产生提供了背景条件,即复音化给同素异序双音词 AB 或 BA 的产生提供了平台。考察同素异序构式产生的物质基础,可从其内部结构类型入手分析,根据学者对同素异序构式的研究,我们制作表 5-1:

表 5-1 不同时期专书中同素异序构式中并列式及其所占比例

不同时期	典籍	同素异序构式	并列式	并列式的比例	所引文献
上古	《韩非子》	69 组	59 组	85.5%	车淑娅(2005)
中古	《三国志》《后汉书》《世说新语》《宋书》等	1464 组	1171 组	80%	张巍(2005)
近代	《敦煌变文》	196 组	174 组	88.8%	陈明娥(2004)
	《夷坚志》	221 组	155 组	70.1%	黄玉淑(2000)
	《金瓶梅词话》	71 组	49 组	69%	潘攀(1996)

从表 5-1 可以看出,同素异序构式出现在汉语的不同历史时期,其类型以并列式为主。例如:

《韩非子》中出现的同素异序构式:"甲兵/兵甲、祸患/患祸、府仓/仓府、人民/民人、财货/货财、爱憎/憎爱、平安/安平、治乱/乱治、贵贱/贱贵"等。

《三国志》中出现的同素异序构式:"爱敬/敬爱、自私/私自、背弃/弃背、藏埋/埋藏、残破/破残、对应/应对、机枢/枢机、言辞/辞言、光扬/扬光"等。

《后汉书》中出现的同素异序构式:"安慰/慰安、心腹/腹心、抚慰/慰抚、衣冠/冠衣、教训/训教、楷模/模楷、清洁/洁清、仪表/表仪、离散/散离"等。

《世说新语》中出现的同素异序构式:"辩论/论辩、遨游/游遨、节俭/俭节、才俊/俊才、性情/情性、问讯/讯问、容姿/姿容、圣贤/贤圣、议论/论议"等。

《宋书》中出现的同素异序构式:"备悉/悉备、卑高/高卑、变革/革变、播迁/迁播、察听/听察、长久/久长、荡清/清荡、断决/决断、法律/律法"等。

《敦煌变文》中出现的同素异序构式:"尘埃/埃尘、饮食/食饮、愚痴/痴愚、幽玄/玄幽、便即/即便、皆悉/悉皆、割舍/舍割、认识/识认、讲说/说讲"等。

《夷坚志》中出现的同素异序构式:"疾病/病疾、荡涤/涤荡、秽污/污秽、积蓄/蓄积、捕采/采捕、导引/引导、访求/求访、呼召/召呼、践踏/踏践"等;

《金瓶梅词话》中出现的同素异序构式:"长短/短长、整齐/齐整、煎熬/熬煎、哭啼/啼哭、牵挂/挂牵、喜欢/欢喜、发生/生发、客人/人客、耻笑/笑耻"等。

考察发现,并列式同素异序构式中构成语素以同义语素为主导,类义或反义语素构成的数量较少。同义关系作为并列式双音词的强势语义聚合,使同义语素并列在汉语双音节组合中具有强势地位。❶ 这些语素在汉语词汇复音化的背景下逐渐结合成并列式复合词,其语素序列的变化不影响结构变化,更为重要的是转变后基本意义大多不变。借鉴认知语言学的原型理论观点,可以认为联合式是同素异序构式这一聚合范畴的原型(prototype)。原型是范畴的典型成员,是与同一范畴成员有最多共同特征的实例,具有最大的家族相似性。❷ 基于此可以说并列式是同素异序构式的原型范畴。

对于同义语素的连用,学界常称为"同义连用",它是上古、中古汉语中常见的一种语言现象,"即两个或两个以上意义相同、相近或相关的词连在一

---

❶ 丁喜霞. 汉语相似语言学 [M]. 北京:语文出版社,2010:176.
❷ 李福印. 认知语言学概论 [M]. 北京:北京大学出版社,2008:98.

起共同表达一个更为清晰的义项的现象"❶。这种现象学界有多种称呼,如"同义连文(黎辉亮1984、赵华2009)""同义并行复合词(张世禄1981)""同义复词(徐流1990)""同义字复用(蒋冀骋2011)"等。对于同义连用,人们自然会想到具有同义词典和百科词典性质的《尔雅》,其中《尔雅·释诂》《尔雅·释言》两部分中连用的同义词占绝大多数,据郭春环(2000)发现,全书1118条含同义词连用现象的文献中有765条在《尔雅·释诂》中,194条在《尔雅·释训》中。例如:

(9) 怡、怿、悦、欣、衎、喜、愉、豫、恺、康、妉、般,乐也。《尔雅·释诂》

以上12字共组成"怡豫、怡乐、怡怿、怡愉、怡悦、悍悦、悦豫、悦恺、悦乐、悦怿、悦康、悦喜、悦欣、欣怡、欣喜、欣愉、愉悦、愉乐、愉怿、恺豫、衎乐、喜悦、喜乐、喜怿、豫悦、康乐、般乐、乐欣、乐衎、乐康、乐悦、乐恺"等有文献证明的同义复合词。而其中有12条(怿悦/悦怿、悦豫/豫悦、乐悦/悦乐、悦喜/喜悦、衎乐/乐衎、康乐/乐康)次序可以颠倒。

同义连用现象的大量存在为同素异序构式的产生提供了条件。再如:

(10) 吾君贿,左右谄谀,作大事不以信,未尝可也。(《左传·昭公六年》)

(11) 文公恐惧,绥静诸侯。(《左传·成公十三年》)

(12a) 太后曰:"丈夫亦爱怜少子乎?"对曰:"甚于妇人。"太后笑曰:"妇人异甚。"对曰:"老臣窃以为媪之爱燕后贤于长安君。"(《史记·赵世家》)

(12b) 左师公曰:"老臣贱息舒祺,最少,不肖,而臣衰,窃怜爱之。愿令得补黑衣之数,以卫王宫。没死以闻。"(《史记·赵世家》)

---

❶ 郭春环.《尔雅》与同义复合词研究 [J]. 古汉语研究, 2000 (4).

(13a) 君子曰:"秦缪公广地益国,东服强晋,西霸戎夷,然不为诸侯盟主,亦宜哉。死而弃民,收其良臣而从死。且先王崩,<u>尚犹</u>遗德垂法,况夺之善人良臣百姓所哀者乎?是以知秦不能复东征也。"(《史记·秦本纪》)

(13b) 使人往听之,<u>犹尚</u>越声也。今臣虽弃逐之楚,岂能无秦声哉!(《史记·张仪列传》)

例(10)中的"谄"与"谀"在《说文解字》中采用互训的方式,即"谄,谀也。""谀,谄也。"二者皆表示奉承、献媚之意。例(11)中的"恐"与"惧"在《说文解字》中同样采用互训的方式,即"恐,惧也。""惧,恐也。"二者皆表示害怕之意。例(12)中的"爱怜/怜爱"与例(13)中的"尚犹/犹尚"皆属于可异序的同义语素连用。简言之,汉语存在的大量的同义语素连用为同素异序构式的产生提供了物质基础。

总之,汉语的复音化为同素异序构式的产生提供了背景条件,众多具有同义、近义语素的高频共现,为同素异序构式的产生提供了物质基础。

3. 汉语不同构词法之间的转换为同素异序构式的产生提供了构词条件

(1) 汉语构词法的研究

词是语言中最小的能够独立运用的音义结合的语言单位,它在语言单位中具有重要的地位,往下可以推知语素,往上可以考察短语或句子。其中研究每个词的结构类型即属于构词法的范畴,换言之就是研究语素构词的类型。

由于古代汉语以单音词为主导,古人研究往往以"字"为考察单位,从文字的形、音、义三要素出发分别形成"文字学""音韵学"以及"训诂学"三个分支学科,俗称"小学"。因而,真正的汉语构词法研究始于1898年马建忠的《马氏文通》。此书中没有专章谈构词法,而是在"名字诸式""静字总论""动字骈列""状字诸式"等部分中分别作了介绍。在构词形式上,马氏提出有"骈列""加字""殿字"等概念。"骈列"分为"两字同义""两字对待"两种类型。按古籍中诸名,往往取双字同义者,或两字对待者,较单辞只字,其辞气稍觉浑厚。双字同义者,如规模、威仪、形容、纪纲、典章、矩蠖、德政、礼乐、度数、制度、性命之类。其对待之名,率假借于动静诸字,如古今、是非、升沈、通塞、升降、可否、安危、出入、宽严、否泰、因革、盛衰、进退之属。❶ 马氏也使用了传统的"双声""叠韵""重言"等术语。从以上角度而言,可以说马氏是现代化构词法研究雏形的第一人。在马氏的基础上,章士钊在《中等国文典》(1907)中也把词分成"单字名词"和"合字名词","合字名词"又分为"双字同义名词""双字相待名词""连字名词"(重叠词)等。最早利用普通语言学的方法全面探讨复合词构成的当属薛祥绥,他提出了一个相当完整的构词法体系。薛氏的《中国言语文字说略》将汉语"复合之法"分三类,第一类是与六合释相对应的,包括叠语、连语、限定、假借、带数几种,第二类有译音之字、表声之字(即联绵词)、虚助之字(即后来带词头、词尾的词)、随文异义之字几种,第三类有合名为词、截名为词、破字为词、隐语为词、歇后为词等。❷ 从析词法的角度看,黎锦熙的"复音词类构词表"(来自《汉字革命军前进的一条大路》,《国语月刊》1922 年 1 卷 7 期汉字改革号)提出的体系是在正式的构词法研究名义下进行的最早、最详尽、分析最细微的汉语构词法大纲。他首先把汉语的词分为"合体的""并行的""相属的"三个大类,下面再分为不同的小类、次类,从而形成一个颇为庞大的体系。

20 世纪 40 年代,出现了几部重要的语法著作,即吕叔湘的《中国文法要略》(1942),王力的《中国现代语法》(1943)和《中国语法理论》(1944),高名凯的《汉语语法论》(1948),其中都涉及构词法。❸ 赵元任的《国语入门》(1948),1952 年李荣摘译其中语法部分,改名《北京口语语法》。此书用"成素跟成素之间的造句关系"把复合词分为六大类:主谓复合词(心疼)、并列复合词(利害)、主从复合词(笑话)、动词宾语复合词(存款)、动词补足语复合词(刮倒了)、单词性复合词(瓜子儿)等,进一步促进了汉语构词法的研究。1957 年陆志韦的《汉语的构词法》出版,被认为是汉语构词法领域最重要的著作之一,是构词法研究的第一部专著。书中把词分为九大类:多音的根词(玻璃、凡士林)、并立(兄弟、工农兵)、重叠(哥哥、想想)、向心(羊肉、

---

❶ 马建忠. 马氏文通 [M]. 北京:商务印书馆,1983:38.
❷ 潘文国,叶步青,韩洋. 汉语的构词法研究 [M]. 上海:华东师范大学出版社,2004:16.
❸ 占勇. 汉语构词法研究述评 [J]. 兰州学刊,2006 (9).

快走)、后补(红透、来不及)、动宾(写字、红脸)、主谓(心焦、驴打滚儿)、前置成分(老黄、第三)、后置成分(桌子、美得)。1979年出版的吕叔湘的著作《汉语语法分析问题》高屋建瓴地对汉语语法体系中的问题作了一番检讨,其中对构词法的问题进行了认真梳理与思考。1981年张寿康的《构词法和构形法》与任学良的《汉语造词法》是重要的词汇学著作,张寿康主张区分构词法和构形法。构词法就是研究咱们语言中词的构造的规律的学问。产生新词的时候,新词的结构就是按照构词法产生的。构词法是语法中"词法"的一部分,构词法研究词的构成,它又是词汇学的一部分。因此,构词法是介乎语法学和词汇学之间的一门学问。❶ 张寿康在著作中分别对名词、动词、形容词、数词、量词、代词的构词法和构形法进行了全面的分析。20世纪80年代以来,汉语构词法的研究进入繁荣期,涌现出许多有关构词法的著作,如陈光磊的《汉语词法论》(1994),潘文国、叶步青、韩洋的《汉语的构词法研究》(2004),朱彦的《汉语复合词语义构词法研究》(2004),董秀芳的《汉语的词库与词法》(2004),周荐的《汉语词汇结构论》(2004)等。总体而言,研究汉语构词法主要有句法、语义、语音与韵律、生成语法、语料库等角度,百余年来,汉语构词法的研究取得了较大进展,取得了丰硕的成果。不过,构词法研究的许多问题还有待进一步深入研究。

(2)一些构词法之间可以互相转换

汉语中的词按构成语素的多少分为单纯词和合成词。单纯词是由一个语素构成的词,从音节的数量看,单纯词可以分为单音节单纯词和多音节单纯词两种。单音节单纯词是单音节的成词语素构成的词,它既是语素,又是词,例如:天、地、人、水。多音节的单纯词主要由联绵词、纯音译词和叠音词构成。联绵词指两个不同的音节连缀成一个语素,表示一个意义的词。绝大多数联绵词是在古代就形成的,在《现代汉语词典》中收录了近600个。例如:仿佛、伶俐、玲珑、枇杷、尴尬、薜荔、烂漫、逍遥、哆嗦、叮咛、芙蓉、牡丹等。叠音词由不成语素的音节重叠构成,重叠后仍只是一个双音语素,如:饽饽、潺潺、瑟瑟、猩猩等。纯音译词是采用语音的方式借自外民

---

❶ 张寿康. 构词法和构形法 [M]. 武汉:湖北人民出版社,1985:3.

族语言的词，如：咖啡、沙发、巧克力、的士、尼龙等。拟声词中也有一部分是多音节单纯词，如：呜呼、哗啦、嘀嗒、咕隆。

合成词是由两个以上语素构成的词。它有三种构词方式，分别是复合式、重叠式和附加式。复合式由两个以上不相同的词根结合在一起构成，从词根与词根之间的关系看，分为联合型、偏正型、补充型、动宾型、主谓型五种。重叠型是由相同的词根语素重叠构成。附加式是由词根和词缀构成。

从汉语的历史发展角度而言，复合构词法逐渐占据主导地位，换言之，使用词根语素构成的合成词最多。程湘清（2008）对先秦典籍中的《尚书》《诗经》《论语》《韩非子》等专书进行研究，其中双音词共615个，从结构上看，绝大多数是运用语法手段词序的特点构成的，共586个，其中居首位的是并列式，共307个，占52.4%；其次是偏正式，共245个，占41.8%；支配式28个，占4.8%；补充式、表述式6个，占1%。❶ 唐子恒（1998）对《三国志》的双音词进行统计，双音词共2182个，其中单纯词139个，合成词1982个，基本类型包括：并列式1168个，占53.5%；偏正式625个，占28.6%；陈述式10个，占0.5%支配式88个，占4%；补充式74个，占3.4%。❷ 李仕春（2007）抽样对《水浒传》24回中的双音词进行统计，双音词共8605个，其中合成词7304个，基本类型包括：并列式1116个，占13%；偏正式5292个，占61.5%；主谓式41个，占0.5%；动宾式533个，占6%；补充式322个，占3.7%。❸ 周荐对《现代汉语词典》统计出的32346个复合词考察，基本类型包括：联合式有8310个，占25.7%；偏正式有16411个，占50.7%；支配式有5030个，占15.6%；补充式有300个，占0.93%；陈述式有380个，占1.17%。❹ 总之，联合式与偏正式是较早的也是较能产的构词法之一，这已经成为学界的普遍共识，上古汉语中联合式和偏正式是能产的，动宾式、主谓式、补充式、附加式、重叠式以及综合式是非能产的。在上古汉语中联合式复合词平均是38.4%，偏正式复合词是47.0%，这说明，从总

---

❶ 程湘清. 汉语史专书复音词研究（增订本）[M]. 北京：商务印书馆，2008：34.
❷ 唐子恒.《三国志》双音词研究[J]. 文史哲，1998（1）.
❸ 李仕春.《水浒传》复音词的统计[J]. 殷都学刊，2007（4）.
❹ 周荐. 汉语词汇结构论（增订版）[M]. 北京：人民教育出版社，2014：97.

体上看偏正式的能产性大于联合式，但是用历史发展的眼光看，在上古汉语时期联合式的能产性逐渐增强，偏正式的能产性逐渐削弱。❶ 在中古汉语时期，联合式构词法不但是汉语中最能产的构词方式之一，而且更是中古时期最能产的构词方式。因此，中古时期同素异序构式的数量剧增与联合式构词法最为能产有着直接的关联。在近代汉语中，偏正式构词法最为能产，联合式次之。❷ 具体到同素异序构式，近代也产生了许多偏正式的同素异序构式，这与偏正式的能产性也不无关系。可以说，从上古至近代汉语，同素异序构式的大量产生与汉语联合式与偏正式构词法的能产性有着密不可分的关系，这两种构词法为同素异序构式的产生提供了构词基础。

① "联合式↔联合式"

联合式的内部结构之间是平行、整齐的，即是一种平行结构。一般意义上讲，联合式的内部可以素序发生转换。由同义、类义、反义等语素构成的联合式中语素顺序的变化一般不影响意义和结构类型的改变，因而构成"联合式↔联合式"。例如：

由同义语素构成的同素异序构式有：增加/加增、损伤/伤损、笨拙/拙笨、简单/单简、善良/良善、警告/告警、警示/示警、竞争/争竞、敬爱/爱敬、敬奉/奉敬、救援/援救、居住/住居、举荐/荐举、惧怕/怕惧、倚仗/仗倚、役使/使役、印刷/刷印、映照/照映、运载/载运。

由类义语素构成的同素异序构式有：血气/气血、谈笑/笑谈、心腹/腹心、官兵/兵官、爪牙/牙爪、尺寸/寸尺、分毫/毫分、血汗/汗血、山河/河山、家邦/邦家。

由反义语素构成的同素异序构式有：来往/往来、屈伸/伸屈、杀生/生杀、生死/死生、迎送/送迎、兄弟/弟兄、古今/今古、先后/后先、雌雄/雄雌、吉凶/凶吉。

② "偏正式↔偏正式"

偏正式可分为定中式和状中式。考察发现，一些定中式复合词可以通过

---

❶ 李仕春. 汉语构词法和造词法研究 [M]. 北京：语文出版社，2011：52.
❷ 李仕春. 从复音词数据看近代汉语构词法的发展 [J]. 宁夏大学学报（人文社会科学版），2011（1）.

异序为定中式。例如：昨日/日昨、半夜/夜半、来日/日来、前日/日前、日后/后日、黄昏/昏黄、流水/水流、蜜蜂/蜂蜜、东亚/亚东、鞋拖/拖鞋、心愿/愿心、丹心/心丹、中心/心中、舅母/母舅、实情/情实、事实/实事、午夜/夜午、后事/事后、蚕丝/丝蚕、纸烟/烟纸、机车/车机、左手/手左、右手/手右、内心/心内、泪眼/眼泪、水灾/灾水、藻玉/玉藻、菜花/菜花、棒冰/冰棒。

③ "主谓式⟷动宾式"

一些同素异序构式的 AB 与 BA 为不同的结构类型，其中出现较多的为"主谓式⟷动宾式"。例如：心动/动心、心静/静心、心专/专心、心劳/劳心、心多/多心、心寒/寒心、心焦/焦心、心酸/酸心、心醉/醉心、心直/直心、心惊/惊心、目眩/眩目、火冒/冒火、气闷/闷气、心细/细心、心痛/痛心、心伤/伤心、心灰/灰心、心安/安心、心甘/甘心、心疑/疑心、心劳/劳心、气喘/喘气、神伤/伤神、意畅/畅意、断肠/肠断、命丧/丧命、力竭/竭力、名扬/扬名。

通过上面的例子看出，主谓型"心+X"动宾型"X+心"比较常见，这说明"心"类构词的重要规律。总而言之，此类同素异序构式的产生与汉语主谓式和动宾式构词法之间的转换有着密切的关联。

④ "动宾式⟷定中式"

此类同素异序构式需说明的是，AB 与 BA 的词性分别是动词和名词。例如：谋逆/逆谋、相面/面相、务农/农务、滴水/水滴、额定/定额、绘图/图绘、报捷/捷报、列阵/阵列、报警/警报、报喜/喜报、备战/战备、限期/期限、防边/边防、防海/海防、犯案/案犯、犯罪/罪犯、运货/货运、操兵/兵操。

⑤ "定中式⟷主谓式"

需说明的是 AB 中 A 为形容词语素，B 为名词性语素。例如：明言/言明、爱心/心爱、少年/年少、青年/年青、深夜/夜深、灵性/性灵、热心/心热、薄命/命薄、良心/心良、诚心/心诚、枯草/草枯。

⑥ "动宾式⟷状中式"

例如：告密/密告、加倍/倍加、蒙尘/尘蒙、守株/株守、覆电/电覆、救急/急救、受难/难受、攀高/高攀、倡首/首倡、论策/策论、行私/私行、除根/根除。

⑦ "中补式⟷状中式"

例如：减轻/轻减、看轻/轻看、缩短/短缩、为难/难为、败坏/坏败、扰乱/乱扰、抬高/高抬、摆明/明摆、行迟/迟行、悼痛/痛悼、退后/后退、计共/共计。

总之，词汇因素是汉语同素异序构式产生的主要原因，其中，复音化为同素异序构式的产生提供了背景条件；同义语素大量共现，为同素异序构式的产生提供了物质基础；汉语不同构词法之间的转换为同素异序构式的产生提供了构词条件。只有建立在以上条件下，同素异序构式才有大量产生的可能。

（二）修辞因素

前面谈到同素异序构式的产生主要取决于语言因素，不过修辞因素也不可忽视。

《易经·乾卦·文言》中最早出现"修辞"两字连用的现象，"子曰：'君子进德修业。忠信，所以进德也；修辞立其诚，所以居业也。'"孔子认为"进德"与"修辞"相较，应首先"进德修业"，然后才是"修辞立其诚"。"修辞"是为了"立诚"，"立诚"乃是"修辞"好坏的标准。对于修辞的定义，陈望道提出，"修是调整，辞是语辞。……修辞是调整语辞使达意传情能够适切的一种努力"❶。张弓提出："修辞是为了有效地表达意旨，交流思想而适应现实语境，利用民族语言各因素以美化语言。"❷ 简言之，修辞就是言语交际者恰当利用语言内部的语音、词汇和语法各因素，来提高语言表达效果和接受效果的言语活动。

修辞是对语言的运用，其中修辞与语言三要素之语音、词汇以及语法都有密切的关联。具体到修辞与词汇的关系，我们认为修辞与词汇的发展具有重要的联系，修辞是词汇发展的重要动力，对修辞效果的追求推动着汉语词

---

❶ 陈望道. 汉语修辞学 [M]. 上海：上海教育出版社，1997：2-3.
❷ 张弓. 现代汉语修辞学 [M]. 天津：天津人民出版社，1963：1.

汇的发展。❶ 程邦雄（1996）提到研究修辞与词汇发展关系的意义，"适当探讨这些问题，既可扩充修辞研究的内容，又可促进相关学科的研究，对阐释词语意义、说明词义的发展演变等都有着重要意义"❷。词义演变中的比喻义和借代义等都是受到修辞的作用和影响而发生的。比喻义是词的比喻用法固定下来的意义，即借用一个词的基本义来比喻另一事物，这时产生的新的意义，利用了事物之间的相似性。例如：

（14）海拔8848米的珠穆朗玛峰是世界第一<u>高峰</u>。近年来，由于登山探险等人类活动日渐频繁，在珠峰遗留的废弃物逐年增多。西藏有关部门曾多次组织清扫垃圾行动，但由于志愿者往往难以抵达高海拔地区，因此，高山废弃物成为清扫的"死角"。（CCL语料库）

（15）本世纪（21世纪）初，全世界仅有5 000辆汽车，现在已超过5亿辆。在我国，由于车多、人稠、路窄，每逢上下班<u>高峰</u>时，便会出现交通拥挤的状况，不仅造成经济损失，而且由于紧张、噪音，居民精神上产生负担，交通事故也就接连不断。（CCL语料库）

例（14）中的"高峰"为基本义，指高的山峰；例（15）中的"高峰"为比喻义，比喻事物发展的最高点。因而，比喻与比喻义的关系可归纳为：比喻是临时的，比喻义是固定的；比喻义是由比喻辞格发展而来的，只有部分比喻可发展成比喻义。类似的词语还有：①"臂膀"基本义是胳膊，后来比喻助手。②"根基"基本义是基础：建筑房屋一定要把根基打好。后来比喻家底：咱们家根基差，花钱可不能那样大手大脚。③"工具"基本义是进行生产劳动时所使用的器具，如锯、刨、犁、锄，后来比喻用以达到目的的事物：语言是人们交流思想的工具。在词义演变中，一些基本义消失，只剩下比喻义。例如："鞭策"是用鞭和策赶马，比喻督促：要经常鞭策自己，努力学习。"攻关"为攻打关口，比喻努力突破科学、技术等方面的难点：刻苦钻研，立志攻关｜对于重点科研项目，要组织有关人员协作攻关。"浪潮"比

---

❶ 许红菊. 汉语修辞与词汇发展 [D]. 武汉：华中科技大学, 2012.
❷ 程邦雄. 移就与词义演变——从美轮美奂谈起 [J]. 修辞学习, 1996 (4).

喻大规模的社会运动或声势浩大的群众性行动：改革的浪潮。借代义就是词的借代用法固定下来的意义。例如："巾帼"中巾和帼是古代妇女戴的头巾和发饰，借指妇女。"狼烟"古代边防报警时烧狼粪升起的烟，借指战火。"领头羊"的基本义为羊群中领头的羊，借指带领大家前进的领头人或单位。"版图"原指户籍和地图，今借指国家的领土、疆域：我国~辽阔。"边幅"最早表示布帛的边缘，今借指人的仪表、衣着：不修边幅。"兵戈"基本义指兵器，借指战争：不动兵戈｜兵戈四起。"菜篮子"基本义为盛菜的篮子，借指城镇的蔬菜和肉类等副食品的供应：经过几年的努力，本市居民的菜篮子问题已基本解决。通过比喻修抑或借代修辞格形成的意义——比喻义、借代义，都是词义中转义的重要范畴，尤其是比喻义与引申义具有同等重要的地位，因而可见修辞在汉语词义发展系统中的重要地位。

很多同素异序构式不仅仅是词汇现象，也是一种修辞现象，可以说其产生是受到修辞因素的影响，修辞因素即推动使用者根据自己的交际意图来进行话语表达的动因。例如：《诗经·周南·桃夭》："桃之夭夭，灼灼其华。之子于归，宜其室家。桃之夭夭，有蕡其实。之子于归，宜其家室。桃之夭夭，其叶蓁蓁。之子于归，宜其家人。"第一个用"室家"是因为"家"与"华"同韵，第二个用"家室"则由于"室"与"实"同韵。张巍（2005）指出，同素逆序词的产生，不只是扩大词汇量以增加信息载体的构词法问题，同时也是作为一种修辞手段适应修辞活动的需要，经常为古人所用。❶ 再如：俞樾，等的《古书疑义举例》五种中有"倒文协韵例"。比如，《诗经·大雅·既醉》："其仆维何？釐尔女士。釐尔女士，从以孙子。"俞氏按曰："女士者，士女也。孙子者，子孙也。皆倒文以协韵。"❷

我们认为，一些同素异序构式最早属于修辞现象，具备相应的条件，经过一段发展过程，就成为词汇现象，这时修辞现象即转化为词汇现象。用图示标示如下：

---

❶ 张巍. 中古汉语同素逆序词演变研究［D］. 上海：复旦大学，2005.
❷ 俞樾，等. 古书疑义举例五种［M］. 北京：中华书局，1956：20.

偶用——常用——固化
修辞现象——→修辞现象

以"家室/室家"为例，刚开始只是为追求修辞效果而异序，属于偶用情况，随着使用逐渐增多，成为常用现象，这两个词的意义从而固化，最终成为词汇现象。需要说明的是同素异序构式的产生受到修辞因素的影响，主要存在于韵文（诗赋词曲等），换言之，修辞因素是影响部分同素异序构式的因素，不是影响所有同素异序构式的因素。

具体来说，同素异序构式的修辞因素包含押韵平仄的促动、作家个人语言风格的影响等方面，这一修辞因素是同素异序构式产生的外部原因。

1. 押韵平仄的促动

押韵指的是韵文中常在某些句子的末尾用同"韵"的字，"韵"指韵腹和韵尾，因此，押韵的字只要求韵腹和韵尾相同，而韵头不一定相同。押韵在古代的诗词曲赋中比较普遍。押韵的作用是构成声音的循环，产生一种和谐悦耳的音乐美。它作为汉语语音的重要特点，同时也是修辞活动产生的动因。在诗词歌赋文学作品中，很多同素异序构式的产生与押韵相关。换言之，为达到和谐悦耳的音乐美，需要把 AB 异序为 BA。著名修辞学家杨树达在《汉文文言修辞学》中阐释得较为详细。摘录几例：

（16）《诗经·唐风·鸨羽》云：肃肃鸨羽，集于苞栩。王事靡监，不能艺稷黍。树达按：恒言黍稷，此倒云稷黍，以与上文羽栩为韵。

（17）《诗经·豳风·东山》云：我东日归，我心西悲。制彼裳衣，勿士行枚。树达按：衣裳倒云裳衣，以与上文归悲下文枚为韵。❶

再如"经惯/惯经"，《汉语大词典》收录后者，意义为"习惯、惯常经历的。"

---

❶ 杨树达. 汉文文言修辞学 [M]. 北京：中华书局，1980：183.

(18a) 多来少去关西汉,杀人放火曾经惯。一十七口谁杀来?六郎手下焦光赞。(元曲)

(18b) 怅望沙头成久坐,江洲春树何青青。烟霞故国虚梦想,风雨客途真惯经。白璧屡投终自信,朱弦一绝好谁听?扁舟心事沧浪旧,从与渔人笑独醒。(王阳明《夜泊石亭寺用韵呈陈娄诸公寄储柴墟都宪及乔白岩太常诸友》)

例(18a)中"惯、赞"押"an",因此用"经惯";例(18b)中"青、经、听、醒"押"ing",因此用"惯经"。

平仄是诗词格律的一个术语,古人把四声分为平仄两大类,平就是平声,仄就是上声、去声、入声三种。从现代汉语角度而言,分为阴平、阳平、上声和去声。阴平、阳平为平,上声、去声为仄。平仄的作用是构成声音的抑扬顿挫,从而产生一种音乐的节奏美。很多同素异序构式的产生与平仄的促动密切相关。例如:李端《客行赠冯著》:"旅行虽别路,日暮各思归。"其平仄是"仄仄平仄仄,仄仄仄平平"。罗隐《宿彭蠡馆》:"孤馆少行旅,解鞍增别愁。"其平仄是"平仄仄平仄,仄平平仄平"。前句最后一字须仄,因此用"行旅"。

2. 作家的个人语言风格的影响

语言的个人风格是一种由个人因素造成的主观风格,是个人运用本民族语言的各种特点综合表现出来的气氛和格调。❶它广泛存在于作家和非作家的语言成品之中。尤其是作家具有的个人语言风格,是作家使用语言成熟的标志。我们把作家的个人语言风格与同素异序构式相联系,发现无论古代还是现代有些作家的作品中同素异序构式使用较多,凸显出作家的语言个人风格,简言之,同素异序构式的产生受到一些作家使用语言表达习惯的影响。

古代作家韩愈,善用"倒字",即同素异序构式,尤其在诗中。例如:

诗中倒用字独昌黎为多。《醉赠张秘书》曰"元凯承华勋";

---

❶ 黎运汉. 汉语风格学 [M]. 广州:广东教育出版社,2000:476.

《赴江陵》云"所学皆孔周";《归彭城》云"闾里多死饥","下言引龙夔";《城南联句》云"戛鼓俅牢牺";又《百金交弟兄赴江陵》云"殷勤谢友朋";《孟东野失子》云"薄厚胡不均";《重云》云"身体岂宁康";《送惠师》云"超然谢朋亲";《答张彻》云"碧海滴珑玲";《苦寒》云"调和进梅盐";《东都游春》云"渚牙相纬经";《杂诗》云"诗书置后前";《寄崔立之》云"不约论财资",又"无人角雄雌";《孟先生》云"应对多参差",又"此格转岖嵚";《符读书》云"寒饥出无驴";《人日登高》云"盘蔬冬春杂";《南内朝贺》云"不见酬稗秭",又"磨淬出角圭";《晚秋联句》云"惟学平贵富";《赠唐衢》云"坐令四海如虞唐";《八月十五夜赠功曹》云"嗣皇继圣登夔皋";《赠刘师服》云"后日悬知渐莽卤";《杏花》云"杏花两株能白红",又"百片漂泊随西东";《感春》云"两鬓雪白趋埃尘";《和盘谷子》云"推书扑笔歌慨慷"……皆倒字类也。(宋代孙奕《示儿编》卷9第82页)

韩愈善用同素异序构式与其语言风格密切相关,他提倡语言创新,提出"词必己出""陈言务去""不平则鸣"等主张。"词必己出"出自《南阳樊绍述墓志铭》(韩愈),原文为"惟古于词必己出,降而不能乃剽贼",指的是古人对于文章的语言一定坚持由自己创作,水平再低也不能剽窃;"陈言务去"出自韩愈的《与李翊书》:"当其取于心而注于手也,惟陈言之务去,戛戛乎其难哉!"指的是把自己心里所想的写出来时,一定要把那些陈旧的言辞全部去掉,这是很费力很困难的啊!《旧唐书·韩愈传》指出:"故愈所为文,务反近体,抒意立言,自成一家新语。后学之士,取为师法。当时作者甚众,无以过之,故世称'韩文'焉。"可以说,韩愈诗文中常用同素异序构式与其语言追求有较大关系。

现代作家鲁迅在作品中也常用同素异序构式,譬如"慰安/安慰、蛮野/野蛮、绍介/介绍、虚空/空虚、讲演/演讲、明显/显明、伪诈/诈伪、武勇/勇武、魂灵/灵魂、严峻/峻严、静寂/寂静"等。

(19a) 他自从发见了这一句平凡的警句以后,虽然引起了不少的新感慨，同时却也到许多新慰安。譬如看见老辈威压青年，在先是要愤愤的，但现在却就转念道，将来这少年有了儿孙时，大抵也要摆这架子的罢，便再没有什么不平了。(《端午节》)

(19b) 人生多苦辛，而人们有时却极容易得到安慰，又何必惜一点笔墨，给多尝些孤独的悲哀呢？(《写在〈坟〉后面》)

(20a) 然而我所以为奇怪的，是在这两极端的错杂，宛如文明烂熟的社会里，忽然分明现出茹毛饮血的蛮风来。而这蛮风，又并非将由蛮野进向文明，乃是已由文明落向蛮野，假如比前者为白纸，将由此开始写字，则后者便是涂满了字的黑纸罢。(《华盖集续编》)

(20b) 政治家因此更厌恶文学家，以为文学家早就种下大祸根；政治家想不准大家思想，而那野蛮时代早已过去了。在座诸位的见解，我虽然不知道；据我推测，一定和政治家是不相同；政治家既永远怪文艺家破坏他们的统一，偏见如此，所以我从来不肯和政治家去说。(《集外集》)

(21a) 二十年来，我们常常看见：武将原是练兵打仗的，且不问他这兵是用以安内或攘外，总之他的"门前雪"是治军，然而他偏来干涉教育，主持道德；教育家原是办学的，无论他成绩如何，总之他的"门前雪"是学务，然而他偏去膜拜"活佛"，绍介国医。小百姓随军充案，童子军沿门募款。(《谚语》)

(21a) 这是萧伯纳老先生在《命运之人》中批评英国人的尖刻语。我们举这一个例来介绍萧先生，要读者认识大伟人之所以伟大，也自有其秘诀在。(《伪自由书》)

鲁迅作品中之所以出现较多同素异序构式，一方面与五四时期白话文运动刚刚起步有关，由于文言向白话的转型发展，许多双音词的素序并不稳固；另一方面与鲁迅的语言风格也有关系，鲁迅国学功底深厚，又提倡白话文写作，因此其创作凸显多元化的用词特点。譬如：《鲁迅全集》"绍介/介绍"的使用频次为96∶117，相差并不多，在文言色彩较重的文章中则都用"绍介"，而不用白话色彩的"介绍"。

宋代陈骙所撰《文则》卷上曰："倒言而不失其言者，言之妙也；倒文而不失其文者，文之妙也。文有倒语之法，知者罕矣。"❶ 陈骙所说的"倒言"即指同素异序构式。无论韩愈抑或鲁迅等作家善逆词序，要达到的修辞效果是追求"陌生化"（defamiliarization）的语用目的，"陌生化"由俄国形式主义学者什克洛夫斯基于1917年在他的开拓性论文《作为手法的艺术》中提出，它是俄国形式主义的关键范畴之一，也是20世纪西方美学和文学理论的重要范畴。核心观点是"艺术的目的是为了把事物提供为一种可观可见之物，而不是可认知之物。艺术的手法是将事物'陌生化'的手法，是把形式艰深化，从而增加感受的难度和时间的手法，因为在艺术中感受过程本身就是目的，应该使之延长"。❷ 作家王安忆认为："所谓陌生化，就是对常规常识的偏离，造成语言理解与感受上的陌生感。"❸ 简言之，文学作品中作家"陌生化"的语用追求使得一些词有了异序形式，从而产生同素异序构式。

（三）认知因素

前面从词汇因素和修辞因素角度对清末民初的同素异序构式进行了深入的阐释，我们认为认知因素也是语言内部的因素之一，换言之，清末民初同素异序构式的大量存在与认知因素也有着密切的关系。其中，两序皆为联合式的同素异序构式是数量最多的类型，为原型范畴。由于A与B在意义上，二者具有同义、近义、类义、反义的特点，因而出现AB抑或BA表层形式的紧密结合。例如：增加/加增、笨拙/拙笨、善良/良善、警示/示警、敬爱/爱敬、救援/援救、举荐/荐举、倚仗/仗倚、印刷/刷印、映照/照映、潮湿/湿潮、利禄/禄利、运输/输运、需要/要需、播散/散播、血气/气血、心腹/腹心、爪牙/牙爪、分毫/毫分、山河/河山、家邦/邦家、来往/往来、杀生/生杀、迎送/送迎。

此类同素异序构式可以运用认知语言学的象似性理论（iconity theory）解释。当某一语言表达式在外形、长度、复杂性以及构成成分之间的各种相互

---

❶ （宋）陈骙. 文则 [M]. 北京：中华书局，1985：5.
❷ 维·什克洛夫斯基. 散文理论 [M]. 南昌：百花洲文艺出版社，1997：10.
❸ 王安忆. 漂泊的语言 [M]. 北京：作家出版社，1996：34.

关系上平行于这一表达式所编码的概念、经验或交际策略时,我们就说这一语言表达式具有象似的性质。❶ 语言成分之间的距离反映了所表达的概念之间成分的距离。人类语言中象似性动因体现在多个方面,包括距离象似性、次序象似性、对称象似性、重叠象似性等。距离相似原则指,元素之间的表层形式连接越紧密,其意义联系往往也越紧密,因而形式关系是意义关系的临摹。❷

偏正式同素异序构式是仅次于联合式外的构式类型,如:昨日/日昨、来日/日来、日后/后日、流水/水流、东亚/亚东、心愿/愿心、中心/心中、实情/情实、午夜/夜午、蚕丝/丝蚕、机车/车机、右手/手右、泪眼/眼泪、藻玉/玉藻、棒冰/冰棒。

这一类同素异序构式,与汉民族的认知方式密切相关,可借鉴认知语言学的"焦点/背景(Figure-Ground)"理论解释其成因。这种理论是以凸显原则(prominence)为基础形成的。"焦点/背景分离原则"(Figure/Ground segregation)不仅体现了人类在空间组织方面的一种基本认知能力,还可以运用到语言信息组织之中,具有重要的理论意义和解释力。❸ 关于"焦点/背景"理论,丹麦心理学家 Edqar Rubin 有一个著名的"花瓶/人脸两可错觉"图,人类在观察图 5-5 时可有两种结果,一种是以白色为背景的两张脸;一种是以黑色为背景的一个花瓶。这两种结果不可能同时出现,是由于我们的大脑在对视觉信息处理时遵循"焦点/背景分离原则"。

图 5-5 花瓶/人脸两可错觉(根据 Edgar Rubin)

---

❶ 张敏. 认知语言学和名词短语 [M]. 北京:中国社会科学出版社,1998:148.
❷ 张敏. 认知语言学和名词短语 [M]. 北京:中国社会科学出版社,1998:222.
❸ 李福印. 认知语言学概论 [M]. 北京:北京大学出版社,2008:306.

基于"焦点/背景"理论,偏正式中"偏"为背景,"正"为焦点。简言之,人们立足于不同的视角选择不同的焦点,从而突显不同的侧面。项梦冰(1988)对方言复合词的异序现象进行考察时,提出方言中的"凳板、面汤、花菜、棒冰"与普通话中的"板凳、汤面、菜花、冰棒"相比,是在为同一事物造词时选用不同的中心概念,这是一件极平常的事。有时由于中心概念的不同,词义也有差别。如普通话的"汤面"指带汤的面条,而福建新泉话的"面汤"则指用面条做的汤。❶ 因而,偏正式同素异序构式由于构词时人们认知焦点和背景的转换可以形成偏正式的同素异序构式。

总之,汉语内部的因素使得清末民初同素异序构式大量存在,具体表现在词汇因素、修辞因素以及认知因素。

二、外部因素

(一) 文化因素

关于文化的概念,学界的解释上百种,英国文化人类学家爱德华·泰勒(Tylor. Edward Bernatt)在《原始文化》中把"文化"定义为"包括全部的知识、信仰、艺术、道德、法律、风俗以及作为社会成员的人所掌握和接受的任何其他的才能和习惯的复合体"❷。美国语言学家帕尔默(L. R. Palmer)认为"语言的历史和文化的历史是相辅相成的,它们可以互相协助和启发"❸。关于文化的层次,学界有二分法和三分法,二分法指物质文化和精神文化;三分法指物质文化,制度、习俗文化和精神文化。物质文化是通过人们制作的不同实物产品表现出来的,包括建筑物、服饰、食品、用品、工具等;制度、习俗文化指通过人们共同遵守的社会规范和行为准则表现出来的,包括制度、法规以及相应的设施和风俗习惯等;精神文化是通过人们思维活动所形成的方式和产品表现出来的,既包括价值观念、思维方式、审美趣味、道德情操、宗教信仰,也包括哲学、科学、文学艺术方面的成就和产品。

---

❶ 项梦冰. 试论汉语方言复合词的异序现象 [J]. 中国语文, 1988 (2).
❷ 爱德华·泰勒. 原始文化 [M]. 上海:上海文艺出版社, 1992: 1.
❸ 罗常培. 语言与文化 [M]. 北京:语文出版社, 2004: 1.

语言是文化的重要载体，也是文化的组成部分。因而分析语言离不开背后的文化因素。语言作为包含语音、词汇和语法的符号系统，其内部要素与文化同样具有联系。把语言与文化联系起来探讨的做法是很有意义的。同素异序构式作为词汇现象之一，它的大量产生与文化因素也有关联，集中体现在汉民族独特的思维方式上。思维方式是主体在反映客体的思维过程中，定型化了的思维形式，是思维方法和思维程序的综合和统一。❶ 思维方式是沟通文化与语言的桥梁。一方面，思维方式与文化密切相关，是文化心理诸特征的集中体现，又对文化心理诸要素产生制约作用。另一方面，思维方式又与语言密切相关，是语言生成和发展的深层机制，语言又促使思维方式得以形成和发展。❷ 思维方式的不同，本质上是文化的差异。语言是同思维直接联系的，它把人的思维活动的结果、认识活动的成果用词和句中词的组合记载下来，巩固起来，这样就使人类社会中的思想交流成为可能了。❸ 作为同素异序构式，我们认为这主要与汉民族的整体性思维有着密不可分的关系。

汉民族的整体性思维与西方的分析性思维是相对的，是指从整体上综合考察天、地、人等的有机联系，注重整体的关联性，而非把整体分解为部分逐一加以分析研究。中国人善于发现事物的对应、对称、对立，并从对立中把握统一，从统一中把握对立，求得整体的动态平衡，以和谐、统一为最终目标。整体性思维具体的小类较多，主要包括对称性和联想式两类。

华夏民族自古以来对成双成对的现象有着比其他民族更为强烈的崇尚和追求，以偶俪对称为美的观念可以说已经成为华夏民族的文化"基因"，深入人心，代代相传。❹ 因此，汉民族对称性思维方式即是大量同素异序构式产生的心理基础，对称性思维反映在同素异序构式中专指并列式同素异序构式。例如：由同义或近义语素构成的同素异序构式"离别/别离、侵入/入侵、除去/去除、留存/存留、揉搓/搓揉、磋磨/磨磋、搭配/配搭、来到/到来、盗窃/窃盗、发生/生发、访拿/拿访、分剖/剖分、分析/析分、奉陪/陪奉、返

---

❶ 荣开明，等. 现代思维方式探略 [M]. 武汉：华中理工大学出版社，1989：30.
❷ 连淑能. 论中西思维方式 [J]. 外语与外语教学，2002（2）：40.
❸ 斯大林. 马克思主义和语言学问题 [M]. 北京：人民文学出版社，1971：514-515.
❹ 杨琳. 汉语词汇与华夏文化 [M]. 北京：语文出版社，1996：199.

回/回返、竞争/争竞、敬爱/爱敬、敬奉/奉敬、救援/援救、居住/住居、举荐/荐举、惧怕/怕惧、空闲/闲空、叩拜/拜叩、啼哭/哭啼、依照/照依、倚仗/仗倚、役使/使役、印刷/刷印、映照/照映、运载/载运、增加/加增、瞻仰/仰瞻、招募/募招、支撑/撑支、制裁/裁制、放置/置放、转移/移转、转运/运转、转折/折转、抢劫/劫抢、牢记/记牢、伤惨/惨伤、守御/御守、添派/派添、创始/始创、旷野/野旷、昏沉/沉昏、捐集/集捐"，由反义语素A、B构成的同素异序构式"来往/往来、厚薄/薄厚、生死/死生、古今/今古、屈伸/伸屈、杀生/生杀、吉凶/凶吉、先后/后先、兄弟/弟兄、雌雄/雄雌、迎送/送迎"。

从直观经验中，古人发现万事万物皆有对称性，所有现象都是一一对立的，任何事物或行为都包含着两个相对立或对应的方面，当这两方面处于均衡对称状态时，就会在视觉上产生美感，在心理上得到满足，从而取得稳定感。因而，大量同素异序构式的产生即是建立在对称性思维的基础上，或者说，对称性思维是同素异序构式产生的文化因素。

联想是人类的一种重要的思维方式，是指由甲事物想到乙事物的心理过程，是客观事物之间的联系在人们头脑中的反映。对于联想的分类，可以根据事物之间的关系共分为四种：接近联想、类似联想、对比联想和关系联想。接近联想是指事物间由于时间、空间或形式的接近，在经验中容易形成联系，因此，人们容易由一事物联想到另一事物，这就形成了接近联想。类似联想，就是指对一件事物的感知和回忆从而引起对和它类似的事物的回忆。对比联想，就是指由对某一事物的感知和回忆从而引起对和它具有相反特点的事物的回忆。关系联想指由于事物间存在着某种关系，由此物想到彼物的联想。

我们认为，大量同素异序构式的产生与类似联想和对比联想密不可分。由意义相同或相近的语素构成的同素异序构式基于类似的联想，例如"演讲/讲演、代替/替代、阻拦/拦阻、缩减/减缩、求索/索求、逃遁/遁逃、逃脱/脱逃、涕泣/泣涕、捉拿/拿捉、纵容/容纵、奏章/章奏、租借/借租、直爽/爽直、勇猛/猛勇、整齐/齐整、愚蠢/蠢愚、杂乱/乱杂、长久/久长、力气/气力、名利/利名、利益/益利、灵魂/魂灵、堂殿/殿堂、土地/地土、土壤/壤土"等。

由意义相反的语素构成的同素异序构式基于相对的联想,如"生死/死生、兄弟/弟兄、离别/别离、天地/地天、异同/同异、来往/往来、厚薄/薄厚、杀生/生杀、先后/后先、雌雄/雄雌"等。

总之,同素异序构式产生的文化因素与汉民族的整体性思维有密切关系,包含对称和联想两种思维方式。

(二) 时代因素

每一个词都有其时代性和地域性。时代性是指词只在一定的时段内使用,地域性是指词只在一定的地域内通行。揭示词的时代性和地域性是词汇史学科的基本任务之一。❶ 具体到同素异序构式,它也具有一定的时代性与地域性。

1. 一些同素异序构式与封建社会有较大关联

从汉语历史而言,清末民初处于近代汉语向现代汉语过渡的重要阶段,从社会历史而言,清末民初处于封建社会的末端。因而,一些同素异序构式与封建社会有较大关联。例如:

(22a) 那制台便相信的了不得,将那有名的拳匪大头目开了一个名单,要想等除灭洋人之后,都保奏他们做个大官,并且暗中还把粮饷银两同军器火药接济他们。(《杭州白话报》1901(11):22)

(22b) 直隶候补道吴懋鼎,送了太监李莲英五万两银子,要想得一个三品京堂,李甚欢喜,但无词可说,怎么样呢,便叫吴求袁世凯奏保。(《杭州白话报》1902(12):2)

(23a) 所以连日开仗,官兵屡败,乱党屡胜,把个庆尚道地方又被乱党占踞去了,朝鲜国王听了此种情形,又出了几道示谕。(《杭州白话报》1902(2):4)

(23b) 河南抚台吴仲帅,因为纸烟卷里多含吗啡土皮等物,吸之大害卫生,京师已经禁吸,仲帅说,要禁当从官里禁起,然后才

---

❶ 汪维辉. 著名中年语言学家自选集:汪维辉卷[M]. 上海:上海教育出版社,2011.

能推行各界,前已<u>谕示</u>官场,不久就要札行各属,叫一律遵办了。(《安徽白话报》1908(3):7)

(24a) 那个外国人听了这话,说道"果有此事",便即写了一封紧急书,投送芜湖道衙门。芜湖道吴涂接到了,如同奉着王命一般,立刻差人<u>访拿</u>,果然不上一刻,便把萨清捉拿到案。(《杭州白话报》1903(8):40)

(24b) 俺想这伙百姓,都为马贼弄得这个地步,却也可怜,俺身任长官,理应<u>拿访</u>,只知边防官可得胜不得胜呢?(《中国白话报》1904(5):76)

以上例句中的"保奏/奏保""示谕/谕示""访拿/拿访"都属于旧时代的词语。类似的同素异序构式还有:分剖/剖分、谋逆/逆谋、平治/治平、屈伸/伸屈、申奏/奏申、绅富/富绅、捕拿/拿捕、差委/委差、幸蒙/蒙幸、示谕/谕示、札委/委札、奏覆/覆奏、奏议/议奏等。

一些四音节同素异序构式在现代汉语中不用或罕用。如:

(25a) 后来有个有名的人,做了一篇论说,说道,俄罗斯放出那<u>如狼如虎</u>的手段,吞灭各国,人人都道是兵精马壮。据我看来,也有许多诡计多端。(《京话报》1903(1):1)

(25b) 那时候<u>如虎如狼</u>的俄罗斯,正要耀武扬威,举兵南下,闻得土帝求援外国,正是绝妙的机会,便派精兵一万五千,风驰而至,帮助土国,攻打阿梨,这是俄罗斯干涉埃及第一次。(《杭州白话报》1902(17):4)

类似的成语还有:独断独行/独行独断、冷嘲热骂/热骂冷嘲。相关的成语在现代汉语中都有使用,例如:如狼似虎、独断专行、冷嘲热讽。这在一定程度上说明成语的定型化经过了长期的过程。

2. 一些同素异序构式与文白转型有关

文白演变是20世纪初汉语的重大变动,文白的转型深刻广泛地影响了我们整个民族的思维方式和演说方式,成为中国文化由古典形态走向现代形态的起点。❶ 清末民初时期是文白转型的关键时期，这也体现为同素异序构式的大量产生。清末民初同素异序构式中，有的一序为文言词，特指具有文言色彩的古词，如"兵士、找寻、习练、康健、士人、加添、民人、康健、峻严、赏鉴、魂灵、苦痛、苦辛、酬应"等；而另一序为白话词，特指具有白话色彩的词，如"士兵、寻找、练习、健康、人士、添加、人民、健康、严峻、鉴赏、灵魂、痛苦、辛苦、应酬"等。文言一序在清末民初时期使用还占优势，后来随着现代汉语的逐渐形成和词汇的规范化，文言一序消失或较少使用，白话一序占据优势地位。例如：

（26a）厄企丕勒高地方兵数，共有一万三千人，水师二千五百人，巡船十艘，炮船二十，兵士都是土民，兵官却是西班牙人。（《杭州白话报》1901（16）：3）

（26b）俄兵退守街内，俄将司徒西尔，仍是勇敢不屈，激励士兵，昼夜防守。（《京话日报》1904（10）：11）

（27a）因此各想出自强的方法来，把自家的国度，牢牢保住，那大家都是如此，这还有什么胜败呢，便都要找寻新地，显显他自家的威风。（《杭州白话报》1901（4）：8）

（27b）我们修斋念佛的人你们不怕罪过，来寻找我们开心呢？（《杭州白话报》1903（16）：4）

（28a）原说等光绪生了阿哥，再承继把同治，今上的年纪轻得很，谁能料定将来是没有阿哥。况且，龙体康健，并无病痛，又加祖宗定下规矩，不准先立太子。（《杭州白话报》1901（20）：1）

（28b）人生在世，不过数十年光阴，无论士农工商，总都是要身体健康，精神充足，才能干一番事业。（《安徽俗话报》1904（7）：21）

简言之，文言词与白话词同时存在于清末民初这一过渡时期，即文白转型是汉语同素异序构式多产的原因之一。

---

❶ 徐时仪. 略论汉语文白的转型［J］. 上海师范大学学报（哲学社会科学版），2008（2）.

3. 一些同素异序构式与方言词有关

白话报刊带有南北两种不同的方言特点，同素异序构式中有的一序为北方官话词，而另一序为南方方言词，以吴方言词为主。如：

(29a) 名字：凡事物的名儿，都叫名字。(《京话日报》1904 (8)：16)

(29b) 我们小百姓的无分的，虽则恃谨慎小心的意思，然而讲到那真道理便大错了，大家要晓得国家究竟是甚么物事做起来的呢，便是合拢那些小百姓做起来的。(《苏州白话报》1901 (1)：2)

(30a) 他从前在我这里请你喝酒，也不知多少回数，你总不该应把他忘了呀！(《新小说》1905 (106)：13)

(30b) 咳呀！这怎么好呀，我们福建，本来是个通商最早的口岸，论起风气，应该是顶开的了，为什么到如今，还共各省比较不过呢，这却也有几层缘故。(《福建白话报》1904 (1)：5)

(31a) 低头看时，那条青布裤半边染了一摊红色，情知着了伤，幸喜不曾被掳，扎挣着起来。(《小说画报》1917 (10)：158)

(31b) 你既得了这番造化，从此要拿这三字做个纪念，发奋为雄，挣扎起一个人来，也不枉毕太太的恩义。(《新小说》1905 (136)：4)

以上"事物、应该、挣扎"用于北方方言中。而"物事、该应、扎挣"用于南方方言中，它们具有吴方言特色，这反映出同素异序构式的方言差异。与吴方言有关的同素异序构式还有"闹热、细底、火冒、倒反、人客、乳腐"等，与北方方言有关的有"争竞、较比、才刚、自各"等。简言之，清末民初不同方言之间的接触也使得白话报刊中产生大量的同素异序构式，即同素异序构式呈现出一定的地域性。

总之，清末民初处于过渡时期，词汇开放性较强，规范性较弱。同时，此时期处于文白转型阶段，我国南北方言之间以及汉外语言间的接触都较为频繁，以上因素都使得同素异序构式大量产生。

以上我们考察了清末民初同素异序构式产生的动因，包括内部因素和外部因素两种。只有确定各自因素的地位和关系，才能深入把握同素异序构式，从而更深刻地把握清末民初汉语的特点。

第六章
结　语

前文我们考察了清末民初白话报刊中四种语法构式，包括待嵌构式、程度构式、重叠构式以及同素异序构式，分别对其语法、语义及语用特征进行了详细而深入地考察。

待嵌构式是指"两字交替显现、两字（个别的为多字）交替隐含而需人们在使用中将隐含的字填补进去以成就一个新的词汇单位的准四字格式"。考察发现，白话报刊存在多种待嵌构式类型，其中以口语构式为主，我们考察了"不A不B"构式、"又A又B"构式、"一A一B"构式、"（S）X一般"构式、"A来B去"构式、"愈A愈B"构式、"可A可B"构式、"最A最B"构式、"如"类构式、"有A有B"构式、"AB而C"构式、"AB之C"构式等类型。以"不A不B"构式为例，语法方面，A、B以单音节的语素或词为主，A、B的语法性质以谓词性为主；在语义方面，此种构式表达完全否定、部分否定及假设关系等三种类型，A、B以同义或近义关系为主；在语用方面，此构式用于口语中，感情色彩以贬义或中性为主。

程度构式指的是表程度范畴的构式，我们主要考察了两种程度补语构式"X得很""X得了不得"，程度构式"X得很"具有多种表现形式，即"X得狠""X的很""X的狠"三类。从语法单位的角度，"X"绝大多数为词，少数为短语；从语法属性上，"X"只能为谓词性词语，包括形容词与动词性词语；从音节数量上，构式中的"X"以双音节最多，占55%；单音节次之，占44%，同时也出现了极少数多音节词语；从语义特征方面，"X"带有程度义，尤其是形容词或表心理活动的动词。"X 得很"构式从结构上属于中补短语，作谓语为主要句法功能，少数可作宾语或补语。"X 得很"的构式义可概括为"说话者认为事物的性质具有较高的程度义"。

在重叠构式上，白话报刊中依据重叠的结构类型可分为 AA 式、AABB 式、ABAB 式等三种类型。AA 式从词性上可分为动词、形容词、名词、副词、拟声词、量词及叹词。能重叠的动词须为动作动词，非动作动词不能重叠。AABB 式从词性上可分为动词和形容词两类，其中以形容词为主。能进入 AABB 式的形容词具有可控性的语义特征，并且具有褒义色彩的形容词重叠的多于贬义色彩的形容词。AABB 式充当的句法成分按数量多少排列依次为谓语、定语、状语、补语，不能作主语和宾语。ABAB 式在词性上为动词，双音动词的结构以并列式为主导，占 96%，另外，还有补充式、动宾式和兼语式，ABAB 式充当的句法成分是谓语。

在同素异序构式上，两序的结构类型大多数呈现出为"并列式+并列式"，其次为"偏正式+偏正式"，AB 与 BA 的语法属性以相同为主导，实词类占据主导，分别是动词类、名词类、形容词类，其中动词类同素异序构式最多。同素异序构式的两序在意义上呈现出三种类型：等义、近义及相关义同素异序构式，其中以等义或近义为主。同素异序构式的语用体现出较为鲜明的时代性，这与此阶段处于汉语的过渡时期密不可分。清末民初同素异序构式的产生包括内部因素和外部因素两种。内部的因素具体表现在，复音化为同素异序构式的产生提供了背景条件，同义语素大量共现，为同素异序构式的产生提供了物质基础，汉语不同构词法之间的转换为同素异序构式的产生提供了构词条件。同素异序构式的修辞因素包含押韵平仄的促动、作家的个人语言风格的影响等方面。外部的因素表现在，同素异序构式还与汉民族的对称性和联想式的整体性思维密不可分的关系。

总之，在清末民初白话报中，以上构式在语法、语义和语用上具有重要的特征，这不仅体现出当时汉语的过渡性，而且与白话报的口语化特征有关。

参考文献

[1] 陈明娥. 从敦煌变文多音词看近代汉语复音化的趋势 [J]. 敦煌学辑刊, 2005 (1).

[2] 程邦雄. 移就与词义演变——从美轮美奂谈起 [J]. 修辞学习, 1996 (4).

[3] 刁晏斌. 试论清末民初语言的研究 [J]. 励耘语言学刊, 2008 (2).

[4] 丁勉哉. 同素词的结构形式和意义的关系 [J]. 学术月刊, 1957 (2).

[5] 董燕萍, 梁君英. 走近构式语法 [J]. 现代外语, 2002 (2).

[6] 郭春环. 《尔雅》与同义复合词研究 [J]. 古汉语研究, 2000 (4).

[7] 韩书庚, 张文国. 清末民初同素异序词研究——以十种白话报刊为例 [M]//俞理明, 雷汉卿. 汉语史研究集刊（第25辑）. 成都：四川大学出版社, 2018.

[8] 韩书庚, 张文国. 晚清新闻语言的特点——以五种白话报刊为例 [J]. 青年记者, 2017 (1).

[9] 韩书庚. 汉语同素逆序词研究综述 [J]. 唐山师范学院学报, 2015 (6).

[10] 韩书庚. 清末民初白话报刊"不A不B"构式研究 [J]. 唐山师范学院学报, 2019 (4).

[11] 韩书庚. 清末民初比况构式"（S）X一般"研究 [J]. 唐山师范学院学报, 2020 (2).

[12] 胡裕树, 范晓. 试论语法研究的三个平面 [J]. 新疆师范大学学报（社会科学版）, 1985 (2).

[13] 胡运飚. 汉语词汇复音化原因的哲学探索——兼谈语音简化说和吸收外语词汇说的失误及语音简化的原因 [J]. 贵州民族学院学报（社会科学版），

1997（1）.

[14] 李仕春. 《水浒传》复音词的统计［J］. 殷都学刊，2007（4）.

[15] 李仕春. 从复音词数据看近代汉语构词法的发展［J］. 宁夏大学学报（人文社会科学版），2011（1）.

[16] 连淑能. 论中西思维方式［J］. 外语与外语教学，2002（2）.

[17] 唐子恒. 《三国志》双音词研究［J］. 文史哲，1998（1）.

[18] 王晓辉. 习语构式的动态浮现——由程度评价构式"X没说的"说开去［J］. 语言教学与研究，2018（4）.

[19] 文炼. 固定短语和类固定短语［J］. 世界汉语教学，1988（2）.

[20] 吴仲华. 比况短语中的"跟X一样/似的"格式［J］. 湖北成人教育学院学报，2005（5）.

[21] 项梦冰. 试论汉语方言复合词的异序现象［J］. 中国语文，1988（2）.

[22] 徐时仪. 略论汉语文白的转型［J］. 上海师范大学学报（哲学社会科学版），2008（2）.

[23] 严辰松. 构式语法论要［J］. 解放军外国语学院学报，2006（4）.

[24] 占勇. 汉语构词法研究述评［J］. 兰州学刊，2006（9）.

[25] 郑奠. 古汉语中字序对换的双音词［J］. 中国语文，1964（6）.

[26] 周荐. 《现代汉语词典》中的待嵌格式［J］. 中国语文，2001（6）.

[27] 朱景松. 形容词重叠式的语法意义［J］. 语文研究，2003（3）.

[28] 汪维辉. 著名中年语言学家自选集：汪维辉卷［M］. 上海：上海教育出版社，2011.

[29] 杨琳. 汉语词汇与华夏文化［M］. 北京：语文出版社，1996.

[30] 斯大林. 马克思主义和语言学问题［M］. 北京：人民文学出版社，1979.

[31] 罗常培. 语言与文化［M］. 北京：语文出版社，2004：1.

[32] 邓晓华. 人类文化语言学［M］. 厦门：厦门大学出版社，1993.

[33] 荣开明等. 现代思维方式探略［M］. 武汉：华中理工大学出版社，1989.

[34] 爱德华·泰勒. 原始文化［M］. 上海：上海文艺出版社，1992：1.

[35] 陈骙. 文则［M］. 北京：中华书局，1985.

[36] 黎运汉. 汉语风格学［M］. 广州：广东教育出版社，2000.

［37］杨树达. 汉文文言修辞学［M］. 北京：中华书局，1980.

［38］维·什克洛夫斯基. 散文理论［M］. 南昌：百花洲文艺出版社，1997.

［39］王安忆. 漂泊的语言［M］. 北京：作家出版社，1996.

［40］张敏. 认知语言学和名词短语［M］. 北京：中国社会科学出版社，1998.

［41］俞樾，等. 古书疑义举例五种［M］. 北京：中华书局，1956.

［42］陈望道. 汉语修辞学［M］. 上海：上海教育出版社，1997.

［43］张弓. 现代汉语修辞学［M］. 天津：天津人民出版社，1963.

［44］李仕春. 汉语构词法和造词法研究［M］. 北京：语文出版社，2011.

［45］周荐. 汉语词汇结构论（增订版）［M］. 北京：人民教育出版社，2014.

［46］张寿康. 构词法和构形法［M］. 武汉：湖北人民出版社，1985.

［47］潘文国，叶步青，韩洋. 汉语的构词法研究［M］. 上海：华东师范大学出版社，2004.

［48］马建忠. 马氏文通［M］. 北京：商务印书馆，1983.

［49］丁喜霞. 汉语相似语言学［M］. 北京：语文出版社，2010.

［50］董秀芳. 词汇化：汉语双音词的衍生和发展（修订本）［M］. 北京：商务印书馆，2011.

［51］徐时仪. 近代汉语词汇学［M］. 广州：暨南大学出版社，2013.

［52］王力. 汉语史稿［M］. 北京：中华书局，1980.

［53］祝敏彻. 论复音词与结构的关系［C］//祝敏彻汉语史论文集. 北京：中华书局，2007.

［54］吕叔湘. 现代汉语单双音节问题初探［C］//汉语语法论文集（增订本）. 北京：商务印书馆，1999.

［55］程湘清. 汉语史专书复音词研究（增订本）［M］. 北京：商务印书馆，2008.

［56］邱冰. 中古汉语词汇复音化的多视角研究［M］. 南京：南京大学出版社，2012：2.

［57］蔡丽. 程度范畴及其在补语系统中的句法表现［M］. 北京：世界图书出版公司，2012.

［58］刘叔新. 汉语描写词汇学（重排本）［M］. 北京：商务印书馆，2005.

［59］吕叔湘. 汉语语法分析问题［M］. 北京：商务印书馆，1979.

[60] 朱德熙. 语法答问[M]. 北京：商务印书馆，1985.

[61] 李福印. 认知语言学概论[M]. 北京：北京大学出版社，2008.

[62] 武占坤，王勤. 现代汉语词汇概要[M]. 北京：外语教学与研究出版社，2009.

[63] 贾彦德. 汉语语义学[M]. 北京：北京大学出版社，1999.

[64] 崔希亮. 语言学概论[M]. 北京：商务印书馆，2009.

[65] 张永言. 词汇学简论　训诂学简论[M]. 上海：复旦大学出版社，2015.

[66] 沈国威. 近代中日词汇交流研究：汉字新词的创制、容受与共享[M]. 北京：中华书局，2010.

[67] 许红菊. 汉语修辞与词汇发展[D]. 武汉：华中科技大学，2012.

[68] 张巍. 中古汉语同素逆序词演变研究[D]. 上海：复旦大学，2005.

后 记

  八月的唐山，炎热的酷暑已过，清爽的秋天慢慢开始。

  对我来说，完成这部学术专著有种如释重负的感觉。从 2014 年开始，我跟着导师张文国先生一直做清末民初白话报刊的语料研究，对这一汉语过渡时期的语言面貌具有一定的认识，在导师和教研室同人的帮助下根据这些材料获批多项课题，课题申请成功的喜悦历历在目，而要顺利完成课题需要付出较大的努力，这部书稿的完成仅仅是第一步。

  在此，我首先感谢业师张文国先生，谢谢您带我走进新的学术研究领域，前行中有困难和荆棘，更有收获的欣喜和快乐；其次要感谢语言学教研室的同人，在课题申请过程中李永教授、郭万青教授和高光新主任都给予了宝贵的支持与指导；最后也要谢谢唐山师范学院，感谢学校的出版基金资助。

  今年正好赶上新冠疫情，在这不平凡的时期，唯有做好自己的本职工作才能有益于社会，希望拙作能为清末民初的汉语研究做出绵薄之力，敬请专家和学者提出宝贵的意见。

韩书庚

2020 年 8 月